寫給生命的一本書

超過一百分的生命力量

楊朝祥　前教育部長　現任佛光山教團系統大學總校長

相信，沒有人是不喜歡聽故事的！因為人活著就有故事，世上每天都發生著大大小小不同的故事。人的生命累積了故事，而故事又啟發了生命的智慧，它是連結時空經驗結晶，也是文化歷史傳承的臍帶。

覺年法師的著作《半朵花——生命探索故事 101》，是一本超越種族和國界，以宇宙山河大地，生命共生關係的深廣高度而寫成生動、有趣、反思、寫實的短篇故事，來探討人類活在世間面對的種種問題，以啟發多元不同的思維模式，探索生命的真義及人生的課題。

《半朵花——生命探索故事 101》是寫給生命的一本書，適合幼兒以上各年齡層，是全方位的、是超越的故事書，猶如電源連接各種電器皆可啟動，不分品牌和類別。

從小，我們就喜歡聽故事。「好久、好久的故事，是媽媽告訴我……」，這是一首耳熟能詳的兒歌，不少人在孩提時代，覺得最幸福的就是能夠聽著大人說故事，說故事聽故事就成了親子間最親近而溫暖的時光。書中的 101 則故事，是說給每個人聽的，「小故事，大道理！」故事是最容易觸動人心的法寶，艱澀難懂的道理和事物情境，以故事譬喻表述，容易令人心領神會。良善

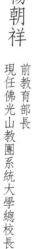

具正能量的趣味故事，更能令人感受彼此間的溫度和喜悅，以及人性的真善美！

覺年法師又出書了，不同於之前《團體動力學──人間佛教生命探索教育》、《生命探索繪圖 ABC》，這次的出版主要是故事的分享，他將自然中的蟲魚鳥獸、花草樹木入題，用著他那眉飛色舞的心情、積極入世的精神，於書中爬梳仁慈、勇敢、立志、機警、風險管理等觀念導引，是富有教育意涵的生命故事。

生命教育在當前是重要的課題，對生命的認知、熱愛，並非是以教條式指導。教育要能深植人心，要能使人遵循、改變態度行為，必須藉由教學的方法、傳播方法的改變，達到推廣成效，說故事即是一項翻轉教育創新的方法。生命教育能用熟悉的題材、輕鬆溫暖的方式導入，於生命的理解、體悟上的方法更為精進與生動，真令人敬佩覺年法師的睿智。

覺年法師能設計遊戲、能繪畫、能創作故事，是一位多才多藝的宗教人士，他導入多元而有趣的方式，為生命教育挹注更多的心力、能量。感謝他熱愛生命、關心世人，以孜孜不倦的創作傳遞了生命教育的理念、價值，在我們所居住的社會散播幸福、散播愛。他縱觀全局、慈愛世人，希望地球也能因為人類的體悟、省思，得以喘息。祝福生態永續、世代綿延。

快樂和悲傷
都是生命的一部分

1 半朵花

一株擁有數十年樹齡的山茶花，樹上結了一朵潔白的小茶花苞，花苞無時無刻努力的長大，希望早日變成美麗的花朵。

小茶花在藍天白雲下專注整理雪白的衣裳，他的努力沒有白費，在陽光下開心展現美麗的花朵。

有一隻毛毛蟲突然出現，把小茶花的衣裳給吃了一半，小茶花非常傷心，難過得哭泣著……

在一旁的葉子伯伯憐惜小茶花，輕聲的安撫他說：「你不要太難過，這世上本是黑白各一半，並非完美的！凡事要往好處想——想想你還有半朵花，**半朵有半朵的美啊！**要懂得欣賞生命缺陷的美，你的人生才會快樂呀！」

生命探索

懂得欣賞一半一半的世界，才有快樂的人生。

觀察反思

慈悲　智慧　惜福
向前　環保　共生

2 蜜蜂哪去了

荔枝花開了，在果農辛勤的照顧下，花開得很茂盛；一大群小蜜蜂來了，忙碌的飛來飛去……果農想著果實纍纍，大豐收的情景，開心的笑了。

小蜜蜂辛勤打包花粉和花蜜奮力的運送回家。飛呀！飛呀！小蜜蜂迷航了，他們找不到回家的路，一隻又一隻逐漸飛不動紛紛倒下去。

有一隻小蜜蜂想到巢穴中嗷嗷待哺的蜂寶寶等著他回去，用盡所有的力氣，奮不顧身飛回巢中，他向蜂后報告：「大王……我們中毒了！人類在果樹上噴灑有毒農藥，毒死了很多昆蟲，以後我們怎麼辦？」

蜂后聽了淡淡的說：「沒關係！倘若世界上沒有昆蟲，人類的生活將出現問題。」

荔枝園裡的小蜜蜂快速的消失，果農心急了，天天用盡各種方法召喚小蜜蜂，到底，蜜蜂哪去了？

果樹上的果實愈來愈小，果農憂心不已，糧食危機是否將發生？

生命探索

地球上的生命因緣相連，同體共生。

觀察反思

慈悲　智慧　惜福
向前　環保　共生

3 蜘蛛求婚

樹叢中有一隻蜘蛛帥哥，他非常仰慕隔壁千嬌百媚的蜘蛛美女，渴望向他求婚。

他耐心的在蜘蛛美女四周觀察徘徊了好幾天，雖充滿愛意卻不敢冒然接近。

終於機會來了，他看見蜘蛛美女自我陶醉在妝扮中，小心翼翼的從他背後前進，快要靠近時，冷不防的，蜘蛛美女回頭將蜘蛛帥哥一口吃了！

蜘蛛網外的蜜蜂姐姐很生氣，他憤憤不平的責備蜘蛛美女：「你怎麼可以如此殘忍，對你仰慕不已、對你那麼好的蜘蛛帥哥？」

蜘蛛美女委屈又無奈的說：「冤枉啊！我好幾天沒吃東西了，正準備引誘獵物上門，我怎知他是來求婚的？我是個大近視眼看不清楚，還以為是你，你逃過一劫，怎麼反倒責怪我！」

情人也不全是可愛的！

生命探索

凡事多有無常，若事與願違，經常是處境不同而導致的結果。

觀察反思

慈悲　智慧　惜福
向前　環保　共生

4 路邊的野果

有位可愛活潑小女孩，他和媽媽一起到海邊散步，路旁有一整排美麗的樹，樹上掛滿鮮紅的果實，讓人忍不住想摘取。

小女孩拉拉媽媽的衣角說：「媽媽，我好想吃樹上的紅果喔！」

媽媽為了滿足女兒的願望，於是背起女兒，想辦法讓小女孩能摘得到樹上的果實。

母女倆人開心的吃著紅果，吃著、吃著，竟嘔吐起來，痛苦的蹲在路旁，路人緊急報警，一會兒救護車來了，迅速將他們抬上車，救護車鳴笛快速離去……

樹上有兩隻烏鴉目睹這一切，哈哈大笑：「你看他們有多麼笨！我們不敢吃的海檬果，他們卻摘來吃。有句話說：『路邊的野花不要採』，難道不知樹上的野果也不能隨意亂摘嗎？」

生命探索

危機和煩惱起於貪念和無知。

觀察反思

慈悲　智慧　惜福
向前　環保　共生

5 是誰贏了

一隻獨角仙在樹枝上爬行，有一隻毛毛蟲擋住他的去路。

獨角仙霸氣的對毛毛蟲說：「快讓開！不要擋我的路。」

「是我先來的，為什麼要我讓路給你呢？」毛毛蟲很不服氣。

「真沒見識！你不知道大吃小是天地法則嗎？」

毛毛蟲說：「拜託，講講理，我們要彼此尊重，因為樹林是共生共享的！」

「你這隻小蟲，竟敢跟我爭辯，再不讓開可別怪我不客氣！」

獨角仙豎起犄角，氣沖沖的向毛毛蟲衝撞過去，毛毛蟲害怕的趕緊往後退，獨角仙用力過猛，從樹枝上掉下去。

一隻藍鵲正好飛過，將獨角仙迅速叼走！

生命探索

這場爭搶誰贏了？終究，非良善者自有下場。

觀察反思

慈悲　智慧　惜福
向前　環保　共生

6 小海龜的呼喚

白色的沙灘上，有一群小海龜伸出頭來，生存的本能促使他們用盡力氣朝大海慢慢爬過去。

一隻小海龜東張西望，非常害怕的大聲呼喊：「媽媽在哪裡？為什麼不保護我？媽媽……在哪裡？來陪伴我呀！」

海浪伯伯見狀，大聲的呼喚：「小海龜快跑！生命本如此，快到我懷裡來，我會保護你的。」

小海龜完全不理會海浪伯伯的勸告，他還是堅持繼續找媽媽：「媽媽……媽媽在哪裡？媽──」

一隻海鷗飛過去，快速的叼走了小海龜！

「媽──」

生命探索

生命執著太多，失去的將會更多。

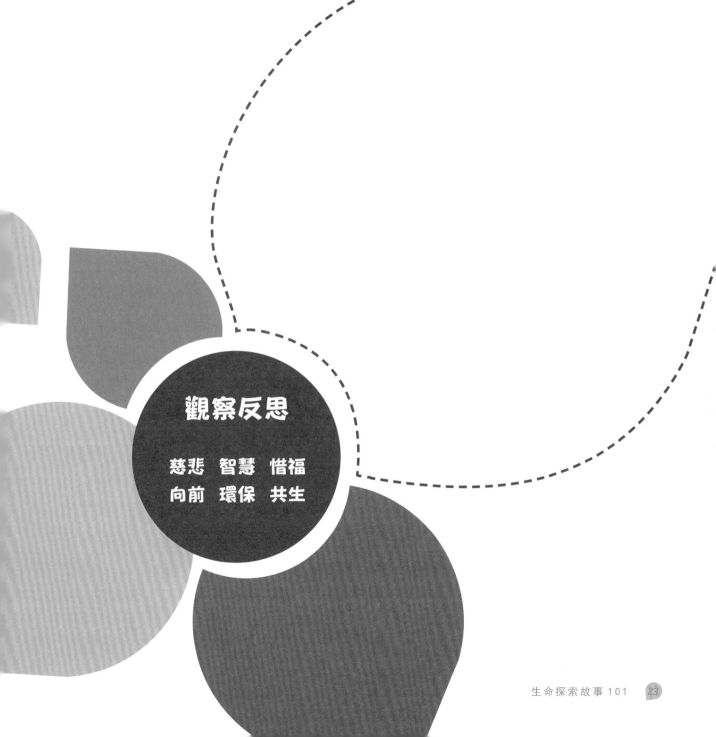

觀察反思

慈悲　智慧　惜福
向前　環保　共生

7 動物會議

地球暖化，森林日漸消失，森林裡的動物們都慌了，於是動物大王獅子召開動物會議，討論如何節能應變。

會議中，動物們七嘴八舌，他們共同決議要把世上最沒用和愚蠢的動物淘汰。

牛大哥首先發言說：「大王，現在我雖不用耕田，但牛肉、牛奶仍少不了，世上沒有我真的不行，應該淘汰的是馬小弟！」

馬小弟驚嚇的說：「不行！不行！我馬小弟雖不當戰馬了，但現在可是用在賭馬和賽馬上，我認為應該淘汰的是雞，因為現在流行電子雞，不靠雞啼了！」

雞小妹跳腳飛起抗議：「別胡說！人類天天吃雞肉和雞蛋，婚喪喜慶少不了我，現在都採用監視系統防盜，狗不用看門，養狗沒用了，該淘汰的是狗兄！」

狗兄一聽跳起來說：「真是天大的冤枉啊！誰說我沒用？我已轉職當警犬、緝毒犬、導盲犬、搜救犬等，用處更多，還能當寵物呢！胖豬嫂好吃懶做，應該淘汰的是豬！」

胖豬嫂懶洋洋的說：「慢著！人類的日常飲食少不了我，

老鼠爺爺如此渺小，為何不淘汰他？」

鼠爺爺連滾帶爬的抗議：「不！不！我雖長得小，但不是無所用處，我們是白老鼠，醫療實驗少不了我啦！」

動物們大家七嘴八舌，爭辯不休……

猴大叔從樹上跳下來：「獅子大王！我們應該把世界最愚蠢、最殘忍的動物淘汰才是，大家說對不對？」

「太好了！太好了！」動物們非常認同猴大叔的建議，並推派猴大叔出來主持。

猴大叔問：「世上有什麼動物會笨到自己毒害自己？自己驚嚇自己？夥伴們！你們會這麼做嗎？」

「哪會這麼笨！」

猴大叔說：「世界上有一種動物，明知毒品有害卻偏要吃、製造一堆黑心食品來毒害自己、製作恐怖片來驚嚇自己，漠視危險，一旦發生災難傷亡才懊悔不已，自認文明卻無知，你們說該不該淘汰？」。

猴大叔用金光火眼看著惶恐不安的大夥說：「這就是人類！」

「對！對！對！人類應該淘汰……」

獅子大王開口說：「慢著！人類科技如此厲害，我們有誰能對付得了？」

聽獅子大王一說，全場默然，大夥苦無對策，不知如何是好？

一陣美妙的歌聲劃破天際，從樹林中飛來一隻七彩繽紛的鸚鵡姑娘嬌滴滴的說：「大家不要失望，我有辦法，讓我來吧！」

動物們睜大眼看著鸚鵡姑娘，不相信他真有大本領？

鸚鵡姑娘又說：「人類砍伐森林，對我們趕盡殺絕，我可以號召鳥禽夥伴飛到人類的生活圈，散播病毒。禽流感只是個開始，你們也可以加入，我們一起行動……」

動物們點點頭：人類有得瞧囉！

生命探索

地球資源共生共享，若索取過度，將導致生態不平衡，浩劫便隨之而來。

觀察反思

慈悲　智慧　惜福
向前　環保　共生

8 大魚和小魚

大海裡，大魚追趕著一群小魚。

小魚一邊逃命、一邊向大魚抗議：「不公平！不公平！你對我沒有任何貢獻，我不是你養的，你有什麼資格吃我？」

大魚聽了嘆氣說：「我和你一樣，文明的人類對我也沒有任何貢獻，他們也照樣吃我，你向我抗議，那我該找誰討公平？」

生命探索

生命旅程中，很多現實因素是無解的，唯有面對並設法克服。

観察反思

慈悲　智慧　惜福
向前　環保　共生

9 小螃蟹找答案

剛出生的小螃蟹不知道自己的樣子？他很想知道自己長得像什麼？

他跑去問小魚，小魚搖搖頭說：「我不知道啊！」

他跑去問小蝦子，小蝦子想了想說：「你長的像你媽媽的樣子呀！」

「我從來沒有看過我媽媽的樣子？」小螃蟹困惑著。

生命探索

煩惱發生時，到底是什麼束縛了自己？

觀察反思

慈悲　智慧　惜福
向前　環保　共生

10 學飛行

夏天來臨，藍鵲家族增添三隻寶寶，他們在父母細心呵護下健康快樂的成長。

終於來到學習飛行的時刻，藍鵲家族一同合力教導寶寶飛行的方法。

藍鵲寶寶飛得好累，停下來休息不想飛了，藍鵲爸爸和媽媽苦口婆心，用盡方法鼓勵他們，仍説不動寶寶。

「不管你們了！」生氣的藍鵲爸爸自己飛走了。

兩隻藍鵲寶寶看著爸爸飛遠了，著急的飛起來，在後面追趕著。

最小的藍鵲寶寶大喊：「我好累，飛不動了！」

藍鵲媽媽既心疼又著急，不知如何是好？

「寶貝！我們都很愛你，但沒辦法代替你飛行，你的生命必須自己負責，想想看吧！」

藍鵲奶奶拉著藍鵲媽媽説：「他自己不願意，你也不能幫他一輩子，我們走吧！」

藍鵲寶寶慌了，急忙大叫：「等等我……等等我……」奮力的飛起來，終於追趕上了。

藍鵲奶奶和藍鵲媽媽相視而笑，回頭説：寶貝，**加油**！

生命探索

生命是無人可替代，學習每個當下活出真正的自我。

観察反思

慈悲　智慧　惜福
向前　環保　共生

11 氣味

貓媽媽生了四隻可愛的寶寶，有一天，貓媽媽外出找食物。

「喵——喵——」貓寶寶發現媽媽不見了非常害怕，一群學生正好經過，聽到叫聲，找到小貓，「好可愛喔！」你一言我一語，抱起小貓安撫著。

不久，貓媽媽回來了，學生們將小貓放下後離開。「你們不是我的寶寶？」貓媽媽嗅了嗅。

「我們是您的寶寶……」

「你們身上的氣味不是我寶寶的？我的寶貝在哪裡？」貓媽媽頭也不回的走了。

「媽媽不要走，我們就是您的寶寶！」

「喵——喵——」貓寶寶呼喚媽媽的聲音愈來愈小、愈來愈小……

生命探索

無心的錯誤，有時會造成難以挽回的遺憾。

觀察反思

慈悲　智慧　惜福
向前　環保　共生

12 蟬的鳴唱

深埋在土裡的蟬，用盡所有的力氣破繭而出，在黎明時分，他高聲鳴唱。

「嘰——嘰——」歌聲穿過整片森林，高昂的音聲吵醒睡夢中的小青蛇。

小青蛇生氣的向蟬抗議：「你知不知道，你又唱又叫的吵醒了我，為什麼要強迫我們聽你的叫聲？」

蟬哈哈大笑：「我出生就埋在深不見光的土裡，也不知道多久了？好不容易能看見天地，所以要趕快唱出我的心聲、唱出生命的苦短，告訴大家把握當下、珍惜所有，感恩天地的一切。嘰——嘰——」

生命探索

機會留給準備好的人，把握機會、創造機會，生命不留白！

觀察反思

慈悲　智慧　惜福
向前　環保　共生

13 小工蟻的夢想

一隻勤奮的小工蟻，每天辛勤的工作，一刻也不得閒，他把重重的食物搬到蟻后面前，疲累的他很無奈的問蟻后：「為什麼我生為工蟻？工蟻每天有做不完的工作，您看那雄蟻什麼都不用做，整天吃喝玩耍，我可以和他交換嗎？」

蟻后愛憐的撫慰小工蟻說：「每個生命都有著不同的使命，像我也一樣，背著重重的身體，每天努力的產卵，這是我的使命，我也沒辦法改變呀！」

不甘心的小工蟻，每天夢想著變成雄蟻，無時無刻祈求著奇蹟出現。終於……他的祈求感動了土地神。

土地神現身問小工蟻：「你真的想變成雄蟻嗎？我可以幫你……」

小工蟻驚訝的問：「真的嗎？太好了！這是我夢寐以求的。」

土地神再次問小工蟻：「你得想清楚，不要後悔喔！」

小工蟻急切的說：「謝謝你！我不後悔，絕對不後悔，請趕快把我變成雄蟻，求求你……」

生命探索

違背分際，逆道而行未必是好事。

於是，土地神伸手一指，小工蟻立刻變成雄蟻。

他很開心，每天過著吃飯、睡覺和玩耍的生活，時間飛快過去，小雄蟻長大了。

一場大豪雨過後，雄蟻和雌蟻談情說愛的浪漫時刻到了，他和雌蟻開心的飛出洞口外面。突然眼前一黑，他還來不及反應，已經被雨燕吃下肚了。

觀察反思

慈悲　智慧　惜福
向前　環保　共生

14 牛哥和跳蚤

中午豔陽高照，牛哥和農夫在田裡辛勤工作。

他看見樹上的鳥兒自由自在的嬉戲非常羨慕，怨嘆自己的命運如此的辛苦，一輩子被人利用，沒有自由。

田埂草叢中的跳蚤跳到牛哥身上，爬到他最軟的部位，迫不及待大咬特咬，大口大口吸血，牛哥被咬得又痛又癢，卻抓不到痛癢處。

他很生氣的對跳蚤説：「我和你們無冤無仇，為什麼要傷害我？」

「我們已經等很久了，好不容易遇到你，當然不能錯過！」

「我天天耕田已經很辛苦了，上天這樣對我真是太不公平了，拜託你們行行好，放過我吧！」牛哥向跳蚤哀求著。

跳蚤説：「你雖辛苦卻不愁吃，而我們都快餓死了。好不容易等到你，這是上天最好的安排，這輩子就跟定你，我們再也不會挨餓了。」

牛哥被跳蚤咬得痛癢難耐，到處亂竄。農夫請來獸醫，獸醫為牛哥拔除身上胖嘟嘟的跳蚤，並且上了藥。

牛哥感嘆著：「小小的跳蚤欺負我，還得靠大家幫忙才解圍，生命的確需要互相幫助。」

生命探索

互助互利，生命更寬廣。

觀察反思

慈悲　智慧　惜福
向前　環保　共生

15 得第一名

母豬生了十隻非常可愛的小豬。

有一天，飼主帶來了一群人，他們仔細觀察後將最小的小胖帶走，交給一位忠厚老實的叔叔照顧。

小胖被帶到一間豪華的別墅，每天吃最好的食物，叔叔還會幫他按摩，照顧得無微不至。

小胖每天的日子過得舒適又快樂，叔叔溫柔又體貼的餵食，小胖的身體快速長大，胖到沒辦法站起來，漸漸的只能躺著。小胖非常感激叔叔的細心照料，心想自己是如此幸運，遇到這麼愛他的人。

有一天，叔叔帶了一群人來看他，大家都驚歎不已：「你真行！這麼大的神豬真是第一次看到，我們村莊這次比賽一定會得第一名的……」

「是啊！」「一定得第一！」

大家七嘴八舌仔細審視小胖，小胖也非常開心有那麼多人關心他。

隔天，叔叔手中拿了一根亮亮長長尖尖的東西進來，他還來不及看清楚，脖子已感到一陣痛，痛到心裡面，他不敢相信這一刻，血就快流盡，他奄奄一息……

耳邊傳來叔叔的聲音：「我的神豬啊！要爭氣得第一名，知道嗎？」

小胖被光榮的擺在神廟供桌中間，叔叔眉開眼笑將金牌掛在小胖脖子上說：「我的神豬啊！你真了得！到了天庭，見了天神拜託要說大家的好話，求天神也要

保佑我喔！知道嗎？」

人們持香對小胖虔誠膜拜……

小胖見到天神，向天神道委屈……

天神聽了也很無奈：「真是冤枉啊！我沒要他們這麼做，難道不知我是自然的素食主義者嗎？」

生命探索

天底下沒有白吃的午餐。

觀察反思

慈悲　智慧　惜福
向前　環保　共生

16 當月光透進來時

傳說觀世音菩薩有一世轉生為北闕國妙莊王的三女兒，名為妙善公主，長得美麗靈巧，父王非常疼愛他。

妙莊王沒有兒子，期望妙善公主能招親，繼承王位。

然而妙善公主只想幫助大家找到解脫煩惱的方法，一心一意修行。父王反對，公主只好帶著宮女逃到茂密的森林。

天黑時，他們迷路了，害怕不已，妙善公主一不小心碰到長滿長刺的樹幹，手臂被刺破流血。

他悲傷的對樹說：「我真心為人們尋求離苦得樂的真理，父王逼迫我放棄修行，連你們也要阻擋我嗎？」

樹神聽了很感動，以行動支持妙善公主的善心，便將森林的樹脫皮和落葉，當月光透進來時，妙善公主和宮女們就不會感到害怕了。

生命探索

善良的真心，誠意為大眾付出，必能感動所有善緣護持，化險為夷，成就一切。

從此，這種樹每年都會脫皮，也不再長刺，樹幹光溜溜的，連猴子都爬不上去，所以人們稱它「猴不爬」，也就是九芎。

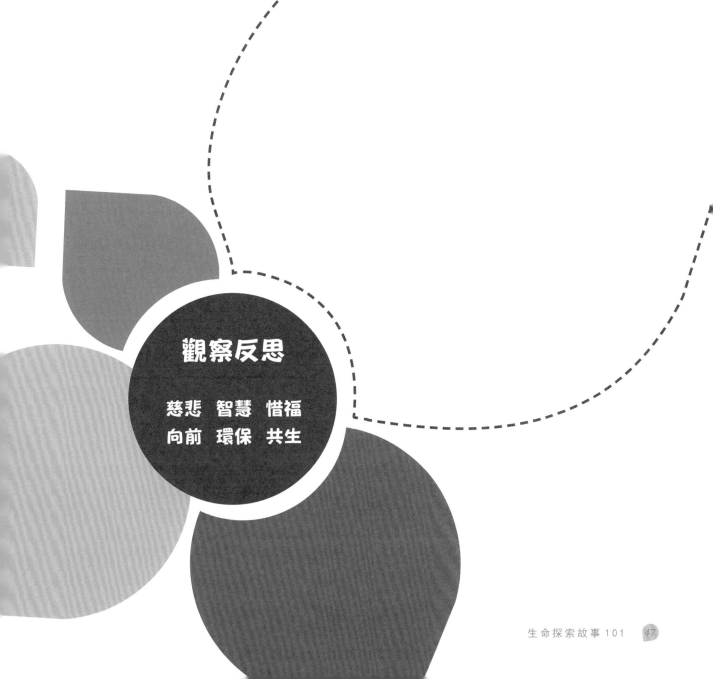

觀察反思

慈悲　智慧　惜福
向前　環保　共生

17 愛的誓言

熱戀中的男女，相約到山中風景區渡假。

兩人來到美麗的山谷，面對潺潺的溪流，甜甜蜜蜜的氛圍，女生輕聲問男生：「親愛的，你愛我有多深？」

男生為了證明自己的愛，手指著身邊大石頭，面向著翠綠的山景，用盡力氣大喊：「海可枯、石可爛！我對你的愛永遠不變！」山盟海誓宏亮的音聲，在山谷間迴盪。

石頭聽了冷冷的說：「先生！你說得好誇張，現在的石頭哪抵得過人類的科技？機械一壓即成粉末。」

生命探索

真愛是付出而非口號，人生也是如此。

觀察反思

慈悲　智慧　惜福
向前　環保　共生

18 富商的悲心

有一位窮苦的婦人，他的丈夫病死了，留下唯一的兒子，他不知以後的生活怎麼辦？

想起丈夫臨死前曾對他說：「我們家世代清白，樂於助人，只剩一塊地，也是祖墳所葬之處，我死後找一位善心人士賣了吧！記得告訴孩子『人窮志不窮』。」

城中有一位富商看上了婦人家這塊地的好風水，於是買下地，富商擇了良辰吉日準備遷葬。

婦人沒錢買背帶，遷葬那天，撿取山中的葛藤背起孩子到祖墳地，他看見土地被挖開，難過得哭了起來。

富豪看見用婦人葛藤背孩子非常得難過，想了想，決定將祖墳地修復還原，還收他的孩子為義子，出錢出力幫助他們。

多年之後，孩子長大了，不負眾望，成為朝廷御史巡撫，為官清廉正直，常為民平冤。富商也成為受人敬重的慈善家，五福臨門。

生命探索

危機就是轉機，積善之家必有貴人護佑。

觀察反思

慈悲　智慧　惜福
向前　環保　共生

19 聽懂話的小老鼠

住在山中的小慈，他非常愛護小動物。春天到了，家裡鼠患嚴重，小老鼠們東咬西咬，防不勝防。無可奈何之下，爸爸打算買滅鼠藥治鼠患。

小慈不想傷害小老鼠，想起老師說過的話「生命是平等的」，他著急的想辦法阻止爸爸。

「爸爸，小老鼠肚子餓找東西吃，我們就給他們一點食物，不要毒死他們，好不好？」

「可以給他們食物吃，但我希望他們不要到處亂咬，否則食物被汙染了，我們也沒東西吃了，你說怎麼辦才好呢？」

小慈對爸爸說：「讓我來和小老鼠商量商量……」

「好吧！只要他們不亂咬就好。」小慈的話讓爸爸改變心意。

「小老鼠，拜託拜託！你們吃東西時要有規矩，不能東咬西咬，一包吃完再換另一包，千萬要惜福喔！」 小慈誠心的對小老鼠說。

小老鼠似乎聽懂小慈的話，鼠患真的慢慢減少了。

生命探索

生命萬物本具覺性，重在真誠溝通及相互慈愛。

觀察反思

慈悲　智慧　惜福
向前　環保　共生

20 山與河的對話

山神和河神兩人一段時間沒見面了，有一天相遇，彼此閒聊起來。

山神感嘆的說：「老兄！我的職責是保護生靈，可是這幾十年來，人類在我身上東挖西鑿，馬路開到我的頭頂上，把我弄得傷痕累累。大雨來了，我的傷口潰爛造成土石流，導致生靈塗炭。我好傷心！」

河神聽了，心有戚戚焉：「山神兄呀！我比你更慘，也好不到哪裡去。我本可以滋潤萬物，卻因人類到處舖水泥、蓋房子，為所欲為，迫使我改道無法自然排水；更慘的是製造一堆垃圾阻塞，大雨一來到處積水造成洪流，我成了禍首！」

此時，雨神剛好經過，聽到山神和河神的心聲，安慰他們說：「兩位不要難過了，神不是萬能的，放輕鬆，我唱首歌給你們聽聽！

淅瀝淅瀝──嘩啦嘩啦──

早晨，太陽不會因為人類而升起；

晚上，星星不會因為人類而閃耀；

風不會因為人類而吹拂；雲不會因為人類而飄浮；

空氣不會因為人類而存在；時光不會因為人類而停留；

宇宙也不因為人類不信而消失！地球是人類的母親啊！

地球只有一個！

淅瀝淅瀝──嘩啦嘩啦──

生命探索

懂得惜福和感恩，才能消災免難，逢凶化吉。

觀察反思

慈悲　智慧　惜福
向前　環保　共生

21 獅子王和小蒼蠅

炎熱當空，森林中飽足後的獅子王在樹下昏昏欲睡，正要進入甜蜜的夢鄉，幾隻小蒼蠅在他的臉上飛舞，舔著他嘴邊殘留的血，擾得獅子王煩躁不安。

獅子王張開血盆大口對小蒼蠅吼：「你們幾隻小鬼，竟敢打擾本大王的美夢，想找死嗎？」

小蒼蠅太機靈了，獅子王怎麼抓都抓不到，他非常懊惱，卻又無可奈何！

小蒼蠅哈哈大笑對他說：「你雖是萬獸之王，但我們不怕你；你雖強大，可惜抓不到飛舞中的我啊！」

生命探索

世上強中有弱、弱中有強。生命不全是萬能的，也不在比大小強弱。

觀察反思

慈悲　智慧　惜福
向前　環保　共生

22 曇花和侍者

千嬌百媚的群花中，有個浪漫的傳說。

一對非常有愛心的年輕情侶，經常做善事和為人服務。很不幸的，他們在一次國際救難中，男生為了救一個小孩而罹難。

之後，男生成為天神的侍者；而思念情人的女生終日以淚洗面，痛苦不堪。

歲月悠悠，數十年後他也死了，來到天上找到了侍者。可是，侍者已經認不得他，他很傷心卻也沒辦法。

他知道侍者每天凌晨都會到花園收集百花露水，供奉天神，於是他誓願要變成一朵曇花，期望有一天侍者能想起他。

他虔誠的願力終於讓他變成曇花，在花園裡天天等待著侍者，可是侍者卻永遠想不起他。

生命探索

執著過去的美好，苦苦追求，不如往前走。

觀察反思

**慈悲　智慧　惜福
向前　環保　共生**

23 小蛇過馬路

大雨後的夜裡，山路上一輛車往山下開去，車內一對父子閒話家常著。

男孩突然大叫一聲：「前方有蛇！」

父親本想踩油門輾過去，男孩心急的阻止：「不要！不要！讓他爬過去……」

父親說：「他是毒蛇會咬死人的！」

男孩說：「如果我們不先傷害他，怎麼知道他會傷害我們？而且山林本來就是他們的家，是我們侵入他們的活動空間修建馬路，他們並不會知道馬路是危險的！」

父親拉起剎車桿，停下車，父子倆靜默的看著小蛇緩緩過馬路。

生命探索

慈愍護生廣大無私，不只侷限於放生，有時得換個角度思考。

觀察反思

慈悲　智慧　惜福
向前　環保　共生

24 花開了

翠綠的群山中，有座小寺院獨自住著一位小和尚。

小和尚希望有人來協助山中環境維護及寺務的大小雜務，無論小和尚多麼熱忱招呼，由於交通不方便，小寺院不容易找到來協助的人。小和尚感到困惑又氣餒。

小寺院旁有棵老桃樹，小和尚雖用心照顧，十多年來卻從不開花。

有一天，大和尚來到小寺院關心小和尚，看到這棵桃樹，問小和尚說：「這是什麼樹？」

小和尚回說：「大和尚，這棵是桃花樹！」

大和尚又問：「哦！既然是桃花樹，為什麼不開花呢？」

小和尚無言以對……

生命探索

放下執著一切自在，
因緣俱足方能成就。

到了桃花開的季節，老桃樹突然開了滿樹的桃花，非常美麗。

小和尚驚訝不已，看著滿樹的桃花，好似領悟出什麼──

世間一切都要福德因緣俱足方能成就！

觀察反思

慈悲　智慧　惜福
向前　環保　共生

25 面紙和紙鈔

有一位媽媽騎機車載著女兒去便當店買午餐。天氣炎熱，小女孩滿頭是汗，媽媽拿出一張面紙給他，面紙不小心掉在地上，小女孩想去撿起來。

「不要撿，面紙掉在地上很髒。」媽媽阻止他，然後又抽了一張面紙為小女孩擦汗。

便當包好了，媽媽從皮包取出一張紙鈔，不小心掉在地上，媽媽快速的撿起來付帳。

小女孩看到媽媽撿起紙鈔，覺得很奇怪，便問媽媽說：你不是說掉在地上的紙很髒不要撿，為什麼你要去撿呢？

媽媽看著小女孩微笑的說：「面紙和紙鈔同樣是紙做的，但是紙鈔是錢，可以用來買東西，就算髒了也沒關係，而面紙不值錢，髒了就可以丟掉。」

小女孩天真的說：「媽媽，我知道了，我要當紙鈔，不要當面紙。」

地上的面紙不服氣，自言自語說：「我也是有我的價值啊！」

收銀機裡的紙鈔機智的附和著說：「對呀！能被人利用和需要才有價值。活在這世上，若是人才，就不怕世界沒有舞台；若不是人才，就算當總裁，沒多久也會滾下台！一個企業若失去市場需求和價值，百年企業也會倒下，只有會應變經營的企業，才能持續有國際舞台！」

生命探索

能為人服務，為人所用，才是存在的價值，生命將會寬廣無礙。

觀察反思

慈悲　智慧　惜福
向前　環保　共生

26 小小含羞草

一所小學的戶外課程，老師帶著學生到山中健行，認識大自然。

小學生看到路邊幾株含羞草覺得好奇，用手觸碰，含羞草的葉子立刻慢慢的合攏起來，小朋友覺得好玩，愈玩愈開心。

其中有一位調皮的學生用力拉扯含羞草時，突然大叫一聲：「哎唷！好痛喔！」

「發生什麼事了？」

「老師，他的手被含羞草刺到了……」其他人七嘴八舌的説。

在一旁的蒲公英生氣的責問含羞草：「你怎麼欺負小朋友呢？」

含羞草忍不住抱怨：「我雖是一株不起眼的小草，但也是有尊嚴的，可不是隨意讓人玩弄。當我慢慢合起葉子時，就是在提醒碰觸我的人要小心，這是我的自我保護，你們可知道嗎？」

生命探索

生命的尊嚴，在於相互尊重。

觀察反思

慈悲　智慧　惜福
向前　環保　共生

27 小黃花和玫瑰花

寒風中，花園裡的磚牆細縫中長出一株小草，小草努力的吸取養分，堅強的成長。到了夏天開出小小黃花，隨風起舞。

嬌滴滴的玫瑰花，對著小黃花很不屑的說：「同樣是花，看你又小又醜，沒人欣賞也沒有用處。你這麼努力做什麼？而我代表愛情，大家欣賞我的美麗，為我著迷，而你呢？你這樣的白費工夫像個傻瓜！」

小黃花不亢不卑的說道：「我又小又醜，雖沒人欣賞，卻能自由自在的活著，走完生命的旅程；而你的花苞還沒綻放，就被人剪走了，到底是誰的生命有意思？」

生命探索

生命各有用處，不光是看表面，追求幸福必須付出努力的。

觀察反思

慈悲　智慧　惜福
向前　環保　共生

28 生命價值

一群微生物對動物說:「我活著時是最有價值的,可以分解一切動植物,但死後就完全沒有用了!」

一旁的植物說:「我可不像你,我活的時候很有用,死後更有價值!」

人類接著說:「活著的時候因價值觀不同,每個人的目標也就不一樣。但,我們只要一口氣上不來,就沒價值,還得花錢處理後事。這世上,誰的命最有價值,有時真不知如何說呢!」

生命探索

生命的價值,有時須全面性的超越思考,才能下定論。

觀察反思

慈悲　智慧　惜福
向前　環保　共生

29 颱風來了

湖畔岸上的大樹邊長滿了芒草，每當風吹來，芒草就會順著風向搖擺起舞。

大樹見狀笑說：「風一吹來，你就搖來搖去、擺來擺去兩邊倒？真是沒出息！」

芒草說：「樹大哥，這也沒辦法啊！我又細又小，怎能對抗得了風？」

大樹不屑的說：「你真沒用，風有什麼可怕？」

颱風來了，強風掃過後，大樹連根拔起倒下……

芒草揉揉眼睛、伸伸腰站起來，自在的搖擺著。

生命探索

處世剛強易傷人，
忍辱柔和出芬芳。

觀察反思

慈悲　智慧　惜福
向前　環保　共生

30 小草

公園裡的小草看到身邊大樹又高又挺拔，總覺得自己
很渺小而感到自卑，經常默默流下淚珠⋯⋯

土地公公看見了，安慰小草說：「小草啊！不要難過
和自卑，我要感謝你保護我，而且你看太陽公公也一
樣愛護你，一枝草一點露，生命自有用處喔！」。

小草受到土地公公的鼓舞，不再哭泣。

早晨，陽光普照帶來光和熱，小草開心的迎向陽光不
再自卑，快樂的享受陽光帶來的溫暖。

生命探索

找到自己的亮點，
也給身邊的人多
一些溫暖。

觀察反思

慈悲　智慧　惜福
向前　環保　共生

31 蘋果樹

蘋果園裡，蘋果樹的花開了，他們長得真可愛，吸引許多蜜蜂姐姐飛舞而來，送禮物給他們！

小蘋果依賴著媽媽提供的養分，無憂無慮快樂的長大，慢慢成熟了……

秋天的早晨，太陽出來了，果農們忙著採收：「哇！今年真是大豐收！」開心的果農們將樹上成熟，紅通通的蘋果採收下來運走。

一顆躲在葉叢裡的小蘋果，沒有被果農發現，他看到所有的夥伴都被採下帶走，害怕又難過：「人類真殘忍，怎麼可以採下我們，剝奪我們辛苦的成果！」

樹媽媽微微笑，溫柔的對小蘋果說：「小蘋果，不要難過！成熟的果實，就算農夫不採收，終究會掉下來。你們是農夫辛苦照顧的成果，這是自然的回饋、天地的法則，也是無法改變的。」

生命探索

生命來自自然也回歸自然，完美的人生過程是真善美的回饋。

觀察反思

慈悲　智慧　惜福
向前　環保　共生

32 鯨魚張大口

海天一色遼闊的海洋，專業攝影師正在拍攝海洋裡的
沙丁魚群。

正當他專注的在拍攝魚群時，一隻鯨魚突然大口一
張，把攝影師和沙丁魚一起吞下肚……攝影師害怕不
已，心想死定了！

鯨魚忽然又張大口將攝影師吐了出來，攝影師驚嚇未
定，還來不及反應發生什麼事，鯨魚狠狠的對他說：
「我也不是什麼都吞食下肚，你太毒我不吃，吃了也
無法消化！」

生命探索

明辨善惡是做人
的基本。

觀察反思

慈悲　智慧　惜福
向前　環保　共生

33 奇怪的葉子

酷熱的夏天，爸爸帶著小男孩到溪中戲水消暑。

溪邊有棵樹，樹上的葉子薄薄的凹凸不平，皺皺的表面看起來醜極了！

小男孩問爸爸：「為什麼這些葉子那麼醜？」

「哦！我來看看……」

「好奇怪的葉子？」

父子倆研究了半天……，樹葉忍不住說話了：「別看我長得醜就以為沒用處，我雖薄薄如紙，卻可以提供蟲類在我身上蓋房子，做為他們生命的庇護所，我雖醜，但無礙於對大自然生命的貢獻！」

生命探索

生命不在表面的美醜，而在實力和能力。

觀察反思

慈悲　智慧　惜福
向前　環保　共生

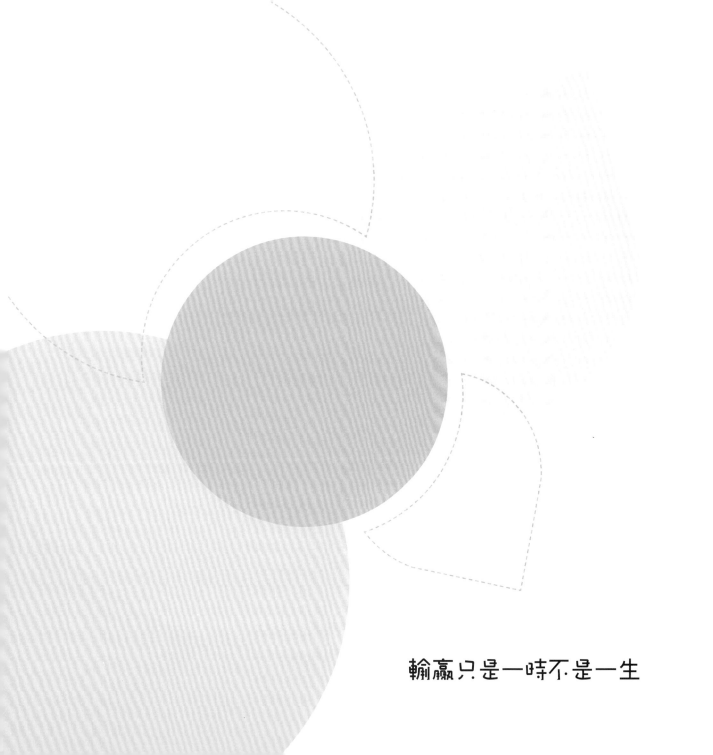

輸贏只是一時不是一生

34 小草和竹子

雨天過後，埋在土中的竹筍從土裡鑽出頭來，嫩芽在短時間內長高好幾寸。

旁邊的小草問：「你用什麼方法可以長得那麼快？我都長不高。」

竹子說：「我是空心的，因為有空間可以長得快又高啊！」

「哇！**我希望能像你一樣！**」小草很羨慕竹子。

一陣強風吹來，小草大驚，慌忙彎下腰避風，而空心的竹子卻被強風吹斷了一截。

看到斷一截倒在身旁的竹子，小草嘆口氣：「還好我是實心的，不是空心的。」

生命探索

為人處事要扎實，不要虛假。

觀察反思

慈悲　智慧　惜福
向前　環保　共生

35 誰怕誰

森林中的老虎大吼一聲，所有的動物都害怕得急忙躲藏起來，一片寂靜中唯獨蚊子群飛亂舞，在老虎耳邊嗡嗡叫。

老虎生氣的對蚊子怒吼：「大家都怕我，而你這隻小小的蚊子竟敢騷擾我？」

蚊子說：「笑話！你有什麼好怕，我的本領比你高呢！」

老虎大怒：「你們小小蚊蟲有什麼本領？我可是山中之王……」

蚊子大笑：「別小看我這一支小小的針筒！我無所不在，大家處處提防我，誰的本領比我大？」

生命探索

高學歷不等於高能力，高能力不等於高成就，高成就不等於有生命價值和擁有幸福快樂。

觀察反思

慈悲　智慧　惜福
向前　環保　共生

36 雨中的燕子

天空正下著大雨，陣陣強風呼嘯而過，奶奶、爺爺和孫子在庭園中賞雨，一群燕子在雨中快速穿梭飛翔。

孫子問爺爺：「下這麼大的雨，燕子飛來飛去，不害怕嗎？」

爺爺說：「下大雨後氣溫上升，很多昆蟲往上飛，燕子飛出來吃昆蟲大餐，他們不是不怕危險，而是為了填飽肚子啊！」

孫子點點頭說：「當燕子真辛苦！」

奶奶說：「只要活著，生命的挑戰就無所不在，世上沒有不辛苦的！」

爺爺嘆氣說：「人類有啃老族、延畢族、媽寶、爸寶、奶奶寶、爺爺寶、學校寶⋯⋯」

孫子推推奶奶說：「奶奶，我渴了，想喝珍珠奶茶。」

爺爺對奶奶說：「孫子餓了，你趕快去煮飯，我現在出門買珍珠奶茶。」

奶奶對孫子說：「我的乖孫，你先去洗澡，衣服幫你放浴室了，奶奶去煮飯，煮你愛吃的菜。」

孫子說：「快點快點，我肚子餓了⋯⋯」

燕子目睹祖孫三人的互動對話，不由嘆氣道：「寵愛會剝奪生命中學習成長的機會⋯⋯」

生命探索

面對挑戰，是生命最好的磨練。

觀察反思

慈悲　智慧　惜福
向前　環保　共生

37 高傲和驕傲

國中的校園裡,一位學生問老師:「老師,狗仔和鳥仔(台語音類似)有什麼不一樣?」

老師回答:「這簡單!鳥仔在天空飛,狗仔在地上吠。」

另一位學生說:「老師!你聽錯了,他是問你『高傲』和『驕傲』有什麼不一樣?」

老師說:「對啊!沒錯!你不知道嗎?『驕傲』像鳥在天空飛,就容易被獵人用槍打下來;『高傲』像狗在地上亂叫,就會被人一腳踢出去,所以驕傲和高傲都不好。」

老師機智的聯想和回答,令人莞爾。

生命探索

言語的應變,最好是能導向真善美。

觀察反思

慈悲　智慧　惜福
向前　環保　共生

38 龜鱉相遇

溼地沼澤邊一隻烏龜遇到了鱉，看到他緩慢的走路非常不屑，忍不住想酸他……

烏龜朝鱉大聲嘲諷：「喂！你怎麼走那麼慢，慢吞吞的，真像老太婆！」

鱉聽了非常生氣的說：「你走路也沒有比我快，拖拖拉拉的，十足像個老公公！」

烏龜不服氣回擊：「你這怪物，怎麼連尾巴都沒有！」

鱉哈哈大笑：「你也美不到哪裡去，頭短短的，像是沒有脖子的短小鬼。」

生命探索

互相攻擊無益，說好話能增進生命正能量。

觀察反思

慈悲　智慧　惜福
向前　環保　共生

39 變色雞

葡萄牙的繁華城市裡，有一隻會變色的雞公仔，他的身體會隨著氣候而變色，晴天變成藍色，雨天變成粉紅色。

有一天，會變色的雞公仔跟隨主人來到台灣，身體的變色功能出現異常，無論晴天或雨天，他都是粉紅色……

主人生氣的責備他：「你這隻懶惰雞，怎麼現在都不變色了？」

變色雞委屈的說：「冤枉啊！不是我懶惰不變色，是台灣的氣候太潮溼，我是感測溼度而變色的，太潮溼我就沒辦法變色了呀！」

生命探索

只看到表相，忽略真相，易產生誤解和猜忌。

觀察反思

慈悲　智慧　惜福
向前　環保　共生

40 姑婆芋葉

清明假日,一群年輕人到山林遊玩,山林中長滿成片的姑婆芋。

天空飄起雨,年輕人急忙躲雨,有人摘下姑婆芋的葉子當作傘來遮雨,沒走幾步路,一位女生大聲嚷嚷:「我的手好癢好癢,是不是姑婆芋葉子有毒?」

這時有人大喊:「姑婆芋很毒,大家快丟掉手中的葉子,否則中毒就麻煩了!」

姑婆芋大嘆一口氣:「唉!年輕人,我雖然有毒,只要懂得利用就是良藥。是你們的知識不足,不了解事實,怎能錯怪我?」

生命探索

知識無限,終身學習,廣學多聞充實生命。

觀察反思

慈悲　智慧　惜福
向前　環保　共生

41 手機的呼喊

繁華的現代都市，正處下班時段，路口川流不息的人和車。

一聲警笛劃破天空，馬路上有一個人倒臥在路中央，圍觀的人愈來愈多⋯⋯

「你看，他流了好多血，好像很嚴重⋯⋯」

「他看起來好年輕⋯⋯」

救護車來了，傷者被抬上車，警察在現場撿到一支手機，將手機一起帶上車，救護車鳴笛快速開往醫院⋯⋯

送醫途中，手機呼喊著受傷的主人：「我的主人啊！你太依賴我了，我每天超時工作，連過馬路都不讓我休息⋯⋯我的主人，原來我是來幫你的啊！如今你受傷，我也成了禍首！」

生命探索

善用現代科技的便利，才是智慧。

觀察反思

慈悲　智慧　惜福
向前　環保　共生

42 舊車的命運

郊外的路邊停了一輛破舊的車子，車身爬滿了牽牛花。馬路上來來往往的車輛……一輛嶄新法拉利跑車鳴笛呼嘯，快速而過，舊車被噪音吵得受不了。

「想當年我也曾經像你一樣，剛出生時也是高貴的站在展示台上。主人花很多錢帶我回家，對我照顧有加，非常珍惜，出門一定帶著我，如今我被遺棄在荒郊野外，唉！我的命運真是悲慘啊！」舊車自哀自嘆著。

牽牛花親吻著舊車，安慰他說：「不要想太多，也不要難過，每輛車最後都會被淘汰的，只是時間長短不同而已。世間的成住壞空，無人能避免。」

生命探索

瓜熟蒂落、花開花謝是生命自然的現象。

觀察反思

慈悲　智慧　惜福
向前　環保　共生

43 現代高跟鞋

高級飯店的廣場,正舉辦一場高檔的時尚服裝秀,青春貌美的模特兒個個自信的走在伸展台上。

台下觀眾品頭論足,沉醉在欣賞亮麗的潮流氛圍。

「啊──」一位女模特兒轉身時突然摔跤⋯⋯觀眾譁然,工作人員衝上台去救援,原來是模特兒的高跟鞋鞋跟斷了。

被丟到垃圾桶裡的高跟鞋,喃喃自語:「中國古代婦女們有三寸金蓮,走路時婀娜多姿,而現代人的高跟鞋,有誰知道⋯⋯我是三寸金蓮的化身?」

生命探索

人因顛倒妄想,迷失在美麗的陷阱中,自我傷害而不自覺。

觀察反思

慈悲　智慧　惜福
向前　環保　共生

44 小孩和毛小孩

雨後放晴,社區公園裡,兩位媽媽推著嬰兒車散步,聊了起來。

甲媽媽問乙媽媽:「你的小孩幾歲了?」

乙媽媽説:「兩個月大了,你的呢?」

甲媽媽説:「兩歲多。」

汪汪汪……一陣吠叫聲,「哦!寶貝乖,不哭不哭,媽咪抱抱……」乙媽媽急忙掀開推車篷蓋,抱起一隻純白的博美狗,在懷中輕拍安撫:「小乖乖!媽咪抱抱,媽咪親親,地上髒髒不能下去喔!」

甲媽媽推車上的小孩問:「媽咪,為什麼那個寶寶有白白的毛,還會汪汪叫?」

甲媽媽笑著回答:「他是一隻狗狗喔!」小孩張大眼睛看著媽咪説:「我知道了,我和他坐的車一樣,那我也是小狗狗,可是我沒有毛,我也想要有白白的毛……白白的毛很漂亮。」

生命探索

現代社會真假難分,角色混亂難以定位。

觀察反思

慈悲　智慧　惜福
向前　環保　共生

45 葡萄樹的心聲

村莊的葡萄園中果實纍纍，果農開心大豐收，葡萄樹對自己的生產力也很滿意，心想終於可以喘口氣了。

隔天，果農將樹枝一枝一枝剪掉……

葡萄樹又疼痛又生氣：「真是太過分了！我辛苦的為你開花結果，讓果實成熟，你為何如此殘酷無情剪掉我的樹枝？」

果農輕撫樹幹，細心為他檢查和上藥，並對葡萄樹說：「我修剪樹枝是為了明年的豐收，老枝也會是你的負擔，忍過疼痛，可免除日後的重擔。」

生命探索

隨時修正思維模式和言行，人生會變得不一樣。

觀察反思

慈悲　智慧　惜福
向前　環保　共生

46 小麻雀和小男孩

清晨時分，一群小麻雀吱吱喳喳的在園子裡找食物。

有一位爸爸帶著小男孩和小狗在玩耍，小男孩追著小狗跑來跑去，小狗也跳來跳去，小麻雀受驚嚇，躲來躲去。

小男孩停下來，對小麻雀說：「你會飛也沒用，連小狗都害怕，你好弱，我真同情你！」

「我們是小鳥，我的世界常見弱肉強食，但人類的世界也好不到哪裡去，有時比我們更可怕！人類雖常說文明和民主，卻製造一堆武器打來打去；社會中爾虞我詐，人情冷漠，鬥來鬥去、吵來吵去，**為什麼會這樣呢？**」

生命探索

身在此山不知此山高，人往往身在危機而不自覺。

觀察反思

慈悲　智慧　惜福
向前　環保　共生

47 幸福感

有一家人與設計師討論著新房子的設計圖，設計師請大家說說對住家的需求。

爸爸說：「我想要有大客廳，假日邀請朋友來喝茶、聊天。」

媽媽說：「我最希望有個開放式而明亮的廚房。」

女兒說：「我想要有自己臥房，舒服的躺在床上滑手機和朋友講電話。」

兒子說：「我的樂趣是打電動，希望有一個屬於個人的空間，隔音好加上一流的音響配備。」

大家你一言我一語的熱烈討論著，坐在一旁的老奶奶卻不發一語。

「老奶奶，您最想要什麼？」設計師問。

生命探索

生活中不起眼的，最容易被忽略，但也可能是最重要的。

「我想要有舒適的坐式馬桶……住家最好有兩間廁所……對我而言，每天輕鬆自在的上廁所，是最幸福的了。」老奶奶道出了他最切身的需求。

觀察反思

慈悲 智慧 惜福
向前 環保 共生

48 豆腐腦與果凍

「民以食為天」，世上人們有關吃的傳說，無奇不有。

在人來人往的大超市裡，一位媽媽買了很多果凍。

回家途中，路過賣豆腐腦的攤子，聞到香香的豆腐腦，小女孩很想吃，拉著媽媽説：「媽咪媽咪！豆腐腦看起來好好吃，我好想好想吃喔！」

「不可以！不可以！」

「為什麼我不能吃豆腐腦？」

媽媽説：「媽咪告訴你，吃什麼就補什麼，吃腦補腦，豆腐腦吃多了，你的腦袋瓜就會變成豆腐腦。天才科學家愛因斯坦的腦，像果凍ＱＱ的，所以，媽咪買了很多果凍，你要多吃點果凍，才會變聰明，知道嗎？」

小女孩似懂非懂，點點頭……

生命探索

錯誤的認知，一切努力將徒勞無功。

觀察反思

慈悲　智慧　惜福
向前　環保　共生

49 眼鏡人生

一家時尚明亮的眼鏡店裡，穿著時髦的Ａ小姐在挑選眼鏡。花了很多時間試戴，挑來挑去，挑不到滿意的眼鏡。

「小姐，你真的要配眼鏡嗎？」店員有些不耐煩。

Ａ小姐説：「是的！我真的需要一副眼鏡」。

「那你再看看⋯⋯」店員説完就去招呼其他客人。

Ａ小姐覺得不好意思，他看著櫃子裡的眼鏡，心想：算了，隨便挑一副好了⋯⋯

框架上的眼鏡説話了：「小姐啊！人不能隨便亂戴眼鏡，戴錯了，生命就會苦哈哈⋯⋯我告訴你，請仔細聽好！頭腦要戴個望眼鏡；心要戴個放大鏡；做事要戴個顯微鏡；人我是非恩怨情仇要戴墨鏡；親人相處要戴老花眼鏡；千萬不能戴上有色的眼鏡喔！」

生命探索

人生若沒有完善的導航，就容易陰錯陽差。

觀察反思

慈悲　智慧　惜福
向前　環保　共生

50 榕樹長大了

一隻小鳥的糞便把榕樹種子帶到屋瓦上。

種子發芽長出了幼苗，房子的主人看到可愛翠綠的小幼苗也很歡喜。

小樹慢慢長大，榕樹根穿過了屋瓦和牆壁，造成房子漏水……

房子主人感嘆：「唉！我那麼的欣賞和愛護你，你的根卻破壞我的房子，你這個壞東西，真不知好歹！」

榕樹委屈的説：「冤枉啊！這也是沒有辦法的，因為我會長大呀！如果小鳥帶我到山裡，我會是保護水土的好夥伴；如果在幼苗時把我移植到庭院外，當我長成大樹，會是遮蔭乘涼最好之處……怎能説我是壞東西呢？」

生命探索

世上成功失敗皆因緣，善緣成就才能圓滿。

觀察反思

慈悲　智慧　惜福
向前　環保　共生

51 愛的智慧

猴媽媽背著心愛的猴寶寶在運河邊尋找食物，猴寶寶小小的手腳緊緊抓住猴媽媽，在媽媽溫暖的懷裡他感到非常安全。

猴媽媽跳上運河岸旁的大樹，東張西望，尋找目標。

有一艘商船靠岸了，敏捷的猴媽媽快速跳到船上尋找食物，被經驗老道的商人發現。商船主人企圖抓小猴子賣給馬戲團。

猴媽媽知道他們想抓小猴子，為了保護寶寶，他把猴寶寶藏懷中，奮不顧身往河裡跳，只露出頭。

商船開走了，猴媽媽奮力的游上岸，猴寶寶卻已溺死在懷裡。猴媽媽不明白寶寶為什麼溺死？他悲痛欲絕，抱著猴寶寶在樹上跳來跳去……

生命探索

「愛」有千萬種，怎麼樣付出才恰當？

觀察反思

慈悲　智慧　惜福
向前　環保　共生

52 蓮花和汙泥

晨風輕拂蓮花池，飄來陣陣蓮花香……

蓮花開心的朝向陽光，展現燦爛高雅的笑容：「好美的一天啊！」快樂的唱起歌來：「啦……啦……」

蓮花下的汙泥聽了嘆口氣：「你在上面真快活，是聖潔高雅的象徵，也受人愛戴、歌頌，而我卻只能在你腳底下，不見天日，天天為你提供養分。哼！沒有我，哪有今天的你？」

蓮花聽了，低聲慚愧的說：「對不起！是我沒有體諒到你，假如角色能互換，我願與你交換，無怨無悔的報答你。」

汙泥半信半疑：「嗯……哪有可能，我才不信！」

「真的！真的！我沒騙你！」蓮花急了。

蓮花種子受不了，大聲說：「拜託你們別吵了！是汙泥也好、是蓮花也罷，如果沒有蓮花的種子，怎麼有蓮花？而汙泥又如何呢？」

生命探索

分別心，會製造對立和傷害。

觀察反思

慈悲　智慧　惜福
向前　環保　共生

53 恆河的深度

一位知名的學者，休假時，他和朋友一起前往印度旅行，他想一睹恆河風光，於是他們到了恆河。目睹印度宗教祭祀儀式正在進行……

「若印度的恆河真的有神，人民就不會如此貧窮了！」學者說出他的看法。

「也不能這麼說，這是印度的文化，有久遠的歷史和淵源，如今成了他們生活的一部分。」導遊也說話了。

「現在是什麼時代了？當今科技已經上太空，應該相信看得見，有根據的！」學者又說。

恆河說道：「千萬別狂慢！世上有些事不能如此下定論，浩瀚的宇宙是無限的，而人類的科技是有限的，不妨請你算算我恆河裡有多少粒沙子？你能算得出來嗎？」

生命探索

可怕的自負和高傲，容易令人失去高度和深度。

觀察反思

慈悲 智慧 惜福
向前 環保 共生

54 小嫩葉和老枯葉

樹林中，早晨的樹枝上，長出翠綠的小嫩葉，在陽光下翩翩起舞，新生的葉子快樂極了。

小嫩葉隨著微風往下看，看見地上有一堆枯葉，他問：「你們是誰？」

老枯葉說：「我們和你一樣都是葉子啊！」

小嫩葉一聽，驚訝不已：「才不是！你們這麼醜，而我這麼鮮綠，怎麼可能和你們一樣！」

豪大雨來了，一陣狂風，小嫩葉沒抓緊樹枝，飄落在枯葉堆中。

「我不相信！我不甘心！我要回到樹枝上，我一定要回去！」他好恐懼，奮力的想要站起來，卻全身沒力。

老枯葉見狀不忍的輕撫著嫩葉：「沒用的！不要枉費力氣，有些東西失去了，也就不會再回來，你是回不去的！有一天，你也會像我一樣……」

生命探索

大意造成的遺憾，一旦失去，後悔也來不及了。

觀察反思

慈悲　智慧　惜福
向前　環保　共生

55 青春的生命

一位青年才俊，背負父母、親友的期盼，到國外留學，展開人生的新旅程，追求夢寐以求的理想和抱負。

年輕人非常努力的考進名校，卻因過勞而病倒，影響他的學習表現，自我要求甚高的他無法接受不完美的自己，在一個夜晚，燒炭走了⋯⋯

父母前往學校處理後事，看到兒子冰冷的遺體，痛不欲生、捶胸頓足，悲痛萬分的說：「我的寶貝啊！早知如此，我打死也不讓你出國，嗚──嗚──嗚──你怎麼這麼傻這麼傻！日後你叫我們怎麼辦？我的兒，回來吧！求求你⋯⋯」聲聲的呼喚，令人鼻酸落淚。

年輕人看著自己冰冷的遺體和悲痛的父母：「親愛的爸爸和媽媽，你們只告訴我要用功讀書，卻忘了告訴我，世上所有的成功和幸福的基本條件，是擁有一個健康的身心啊！」

生命探索

身心健康是人生幸福和成功的基石。

觀察反思

慈悲　智慧　惜福
向前　環保　共生

56 南極企鵝和北極熊

南極企鵝打電話給北極熊:「老兄!我這裡快熱死了,我看你那裡也應該好不到哪裡去吧?」

北極熊說:「唉!別說了,好慘呀!今年融冰特別快,我的房子快倒了,快沒地方住了!」

企鵝嘆口氣:「這一切都是人類害的,他們為了吃肉畜牧,雨林因此快速消失,為了吃喝玩樂傷害地球……唉,老兄我真擔心你啊!」

北極熊無奈的說:「企鵝啊!擔心也沒用,環境改變,我的房子沒了,人類的生活也會受影響。」

生命探索

自私自利,損人不利己,換位思考,才能避免雙輸。

觀察反思

慈悲　智慧　惜福
向前　環保　共生

57 石頭家族

有顆大石頭聳立在山坡上，他看不起泥土和小石子，忿忿不平的説：「你看我多宏偉，我是鞏固水土基石，山林沒有我不行，哪像你們渺小又沒用，和你們在一起，覺得好丟臉！」

泥土説：「少臭美！沒有我，你也成不了英雄啦！」

小石子説：「對呀！這是大家的功勞嘛！」

大石頭生氣的説：「你們別往臉上貼金了，沒有我，你們早就不存在了！」。

颱風季節到了，連下好幾天的雨，小石子站不穩滑落溪床。

大石頭見狀哈哈大笑説：「你看看！一點雨都受不了，真沒用！」

接下來泥土也鬆動了，大石頭「**轟**」的一聲巨響，瞬間碎裂成小石子……

小石子哈哈大笑：「老兄，現在你和我也沒什麼差別了，所以，我們合作才是最好的安排。」

生命探索

個人的成功來自眾人的護持成就，集體創作的和諧來自尊重與包容。

觀察反思

慈悲　智慧　惜福
向前　環保　共生

58 鑽石與石頭

保險櫃中的一個珠寶盒裡，鑽石很驕傲的説：「我是珠寶盒中最名貴、最有價值的，我是人們象徵永恆的代表！想起我那幾百年在一起的石頭兄弟，他們還留在山中，實在可憐。」

石頭聽到鑽石的心聲仰天大笑：「哈哈，鑽石兄，不用掛念我，我天天享受著大自然日月精華，快樂得不得了；而你的世界只有一個保險櫃或大櫥窗或小盒子，是你可憐不是我可憐！」

「別吵了！你們都來自地球，都是我大自然的寶貝。」

生命探索

同中存異、異中存同，以尊重包容取代對立攻擊。

觀察反思

慈悲　智慧　惜福
向前　環保　共生

59 三兄弟的抉擇

經營木材的商人家中有三兄弟，年節春假他們兄弟一起搭船出海旅行，航行到一座島的附近，卻遇到暴風雨，眼見船快沉了，三兄弟各自逃生。

大哥大喊：「快點！把最重要的東西帶著，套上救生圈逃生，不快點就來不及了！」

急忙中，大哥拿黃金；二哥拿裝滿水的水袋；三弟隨手拿一件外套，三人匆忙套上救生圈逃生。

三兄弟各自拿取了黃金、水和外套，是他們各自認為最好的抉擇。

生命探索

遇到危機時，才知道生命中最重要的是什麼。

觀察反思

慈悲　智慧　惜福
向前　環保　共生

60 寵物心聲

毛小孩糖糖是隻外形非常可愛的吉娃娃。

主人非常非常疼愛他，把他打扮得美美的，讓他吃最好的食物，晚上和主人共睡一張床，受盡寵愛。

主人對著懷中的糖糖說：「糖糖啊！我們這麼愛你，你今生真是好狗命，一定很快樂吧！」

「主人，我沒有玩伴，整天被關在屋子裡，只能活在你們的世界，我不能和我的親人相聚，也不能自由的交朋友，我像隻被關在鳥籠裡的金絲雀，還得提心吊膽有一天你們會遺棄我！我失去生存能力，換作是你，你會快樂嗎？你真的快樂嗎？」糖糖無奈的向主人抗議。

生命探索

以自我的本位思考，少了同理心，也少了客觀。

觀察反思

慈悲　智慧　惜福
向前　環保　共生

61 爺爺的話

週末假日，新世代從事科技業的孫子回鄉看爺爺，祖孫二人在客廳聊天、喝茶、看電視。

孫子説：「爺爺！你知道嗎？現代科技太了不起，也太神了，簡直是天下無敵！您看，這次我為您帶來最新款的手機，功能包羅萬象，超厲害的，我來教您用。現代的科技真是無遠弗界、無所不能的！」

爺爺説：「我的孫啊──科技不能就這麼下評論的，我問你幾個問題，我們來討論討論。科技可以秤物品的重量，可有辦法秤影子的重量？可以人造雨，可有方法阻擋雨從空中落下來？可以計算光速，可有方法叫太陽不要轉動？可以追蹤颱風動向，可有方法製造颱風雨？可以製造人工智慧機器人，可有方法取代人的情感？可有方法換來真正的親情？你能回答我嗎？」

生命探索

宇宙浩瀚無邊，人類的科技並不是全能的。

觀察反思

慈悲　智慧　惜福
向前　環保　共生

62 酒杯與茶杯

一只老舊的酒杯遭主人丟棄，被一位環保義工從資源回收場撿回家，洗乾淨後，插上幾朵花放在茶几上。

「你明明是一只酒杯，如今卻讓人用來當花瓶，真是可憐，一點價值也沒有！」茶几上的茶杯酸酒杯。

酒杯微微一笑的說：「不會用我的人，只用我裝酒，誰說我只能當酒杯？會用我的人，我就是多功能的。你可知道？有智慧的人可以將垃圾變黃金；沒有智慧的人，黃金也是垃圾！物品的價值在於會不會善用，所以有智慧的人將垃圾變成藝術，而藝術連結成生活的一部分。即『是名垃圾而非垃圾也』！」

生命探索

人生有智慧，懂得靈巧變通，生命就能昇華淨化，解脫自在。

觀察反思

慈悲　智慧　惜福
向前　環保　共生

63 無形的血河

秋季到了，候鳥成群結隊飛過滾滾的黃河、無邊的海洋、荒蕪的沙漠和廣闊的山野，也越過寧靜的村落、繁華的城市，飽覽各國風光。

大夥兒飛累了在都市歇腳，停留幾天，再往目的地前進……

親鳥問第一次加入飛行的小鳥說：「寶貝們！你們在飛行中看到印象最深刻的是什麼，說給大夥聽聽。」

甲小鳥說：「我看到黃澄澄的河流！」

乙小鳥說：「那算什麼，我看到汙黑的河，有點可怕！」

丙小鳥說：「我看到光禿禿的山，有好多車來來回回運走沙石，山都快被剷平了。」

大夥你一言我一語……

一隻鳥爺爺開口說話：「孩子們！你們看的都不是最可怕的，這世界上最可怕的是無形的血河！」

「什麼是無形的血河？」

鳥爺爺說：「假如把人類一天所殺的牛、羊、豬、雞、鴨、鵝、魚等動物的血，集中倒入一條河裡，河水會染成紅色，成為無形的血河！若遇到人類的節日喜慶，河水會更鮮紅，因為這些動物被宰殺烹煮成美食佳餚……」

突然間氣氛凝結,大夥一片寂靜。

「明天是什麼日子?」乙小鳥瞬間回神,打破沉默。

「啊!明天有節慶……」大夥驚恐不已,快速逃命
去。

生命探索

看不見的盲點和本
位主義是生命的危
機,智者應有勇氣
正視真相。

觀察反思

慈悲　智慧　惜福
向前　環保　共生

64 最後一程

慈祥的老奶奶往生要舉行葬禮，他生前最疼愛的洋媳婦，千里迢迢搭飛機回來參加告別追思。

告別式結束，老奶奶的棺木將送去火化，大家準備送奶奶最後一程。

不知道為什麼？洋媳婦卻被親友阻止，說不能看也不能相送。

「按照我們的習俗，你屬龍又有身孕會和奶奶相沖，對你、對孩子和奶奶都不好！」親友們七嘴八舌的。

洋媳婦説：「你們好奇怪！我是人卻被歸類成龍，我連龍是什麼樣子都沒見過？你們明明是人，卻把自己説成豬、羊、蛇、馬、狗一堆動物，説互相沖煞，又把這些動物當成食物，不是很矛盾嗎？」

親友們不知該如何回答，他的先生走過來安撫：「寶貝！這是傳統，流傳了好幾千年了，寧可信其有，為了我們的孩子好……」

「親愛的！真的有這麼嚴重嗎？奶奶這麼疼愛我，我應該送他一程的。」

「我知道我知道！奶奶會了解的，他也不想他的金孫受傷害，你就忍忍吧……OK ？」

「我們是他至親的子孫,奶奶生前那麼慈悲善良,又這麼愛我們,死後會變成法力無邊的厲鬼來傷害他至愛的人嗎?換了你是奶奶,死後被所愛的親人如此對待,你的感受如何?」洋媳婦好難過。

生命探索

科技時代的邏輯思維,
傳統習俗受到挑戰,
取捨抉擇在於智慧。

觀察反思

慈悲 智慧 惜福
向前 環保 共生

65 廟會

新春年節，老奶奶帶著小孫女去廟裡拜拜求平安，廟裡香火鼎盛，善男信女來來往往……

老奶奶在供桌上擺好供品，帶著小孫女去香鋪買了香燭和金紙，點了香燭，廟裡香煙漫漫，小孫女被煙燻得睜不開眼，他拉拉老奶奶的衣角問：「奶奶為什麼要點香？」

奶奶說：「點香，神明才知道我們的誠心呀！」

小孫女認真看著點燃的香問：「奶奶，您看！白白的煙會散掉，灰灰的煙灰會掉落，神明怎麼知道我們的誠心？」

「亂講話！小孩子有耳沒嘴，請神明不要怪罪，快跪下來向神明叩頭賠罪。」老奶奶拉著小孫女跪下叩拜。

「來！我們去燒金紙。」

「奶奶，為什麼要燒金紙呢？」

奶奶說：「燒給神明用啊！這樣神明才會保佑我們平安，會依照我所祈求的願望，賜福給我們。」

「哦！我明白了，神明要我們的錢，才會賜福給我們……，燒金紙的人那麼多，祂用什麼方法知道哪些是我們燒的金紙呢？」

「我要的是心花一朵，心香一炷。」神明微微一笑。

生命探索

誠心正念，才是真實的，非物質能取代。

觀察反思

慈悲　智慧　惜福
向前　環保　共生

66 祭祖

清明節到了，爺爺帶著全家上山祭祖掃墓，他説：「大家快動起來，幫忙拔草、擺供品⋯⋯」

從國外回來的兒子邊拔草邊擦汗的説：「今年的草長得比往年茂密，天氣比去年熱，蚊子又多又毒，地球真的變了！」

爺爺説：「來來來，大家快來上香，燒完紙錢我們就可以離開了！」

「爺爺，為什麼要燒紙錢呢？」站在一旁的孫子覺得很困惑。

爺爺說：「寶貝啊──燒給祖先在地府使用。」

孫子問：「祖先是誰呢？」

爺爺說：「就是爺爺的爸爸媽媽和爺爺奶奶們。」

孫子問：「他們住裡面嗎？」

爺爺說：「是啊！」

孫子問：「那我為什麼看不到他們？」

爺爺說：「他們已經不在世間，我們燒紙錢給他們，
祖先會保佑你平安又聰明！」

「爺爺！我知道了，祖先保佑我們是因為要給他們錢，那我們燒手機和信用卡給他們不是更好嗎？現在大家都用刷卡和行動支付，世界各國都通用，地府也應該可以吧！燒紙錢太麻煩了，要砍樹造紙，地球的樹如果被砍光了怎麼辦？而且燒一大疊紙錢也會造成汙染，讓地球發高燒。」

爺爺看著手中的紙錢，沉默無語。

爸爸說：「寶貝，這是我們深遠的歷史傳統，不能改變的，知道嗎？」

「爸爸，人都會死嗎？」

「是呀！寶貝。」

「那──爸爸您以後死了，也要用這種紙錢嗎？」

生命探索

現代社會應重新思考陳舊無意義的包袱，才能真正走向文明。

觀察反思

慈悲 智慧 惜福
向前 環保 共生

67 雞公仔的心聲

香雞城的商家競爭激烈,各店家出奇招來招攬客人。

一家烤雞店店主製作了一隻七公尺的巨雞公仔,放在店門口吸引人潮。雞公仔脖子上掛著牌子,上面寫著:「快來吃我,我的皮肉香嫩多汁又酥脆,一雞三吃真划算,走過錯過會後悔,快來吃喔!」

雞公仔形象逗趣,動作滑稽,成為熱門的打卡景點,圍觀聚集的人愈來愈多……

雞公仔抗議:「人類為何如此殘忍?宰殺我們,還消費我們!要我自己推銷自己,吃我的肉、糟蹋我的靈魂,天理何在?」

店主不服氣的說:「天下沒有白吃的午餐,飼養你們

就是為了烹煮來吃，否則為何要辛苦的養大你們？」

雞公仔哈哈大笑：「這是什麼歪理？文明的人類可有問過我們，如果換做你們被圈養，是怎樣的感覺呢？」

店主生氣的說：「雞隻就是人類的食物，背朝天的都可以吃，你們有什麼好抱怨？」

雞公仔無奈的說：「背向天的都可以吃？人在幼兒學爬時不也是背向天？我們同是有血有情感的動物，憑什麼拿我們的皮肉滿足你們所需的營養？這根本是弱肉強食，連承認的勇氣都沒有，還說什麼文明？」

「不管你怎麼說，誰叫你是一隻美味的『烤雞』！」
店主結巴的吐出話來。

生命探索

地球生物如何共生？
文明不是口號，而是
實踐和改變。

觀察反思

慈悲　智慧　惜福
向前　環保　共生

不設框限活出真正的自己

68 小雨滴回家

小雨滴常常在想自己從哪裡來？他下定決心尋找自己的身世……

小雨滴問山林：「這是我出生的地方嗎？」

山林說：「不是！」

小雨滴隨著溪流往下流，遇見很多夥伴……經過泥土變成黃滾滾的河流，以為自己是黃色的。

小雨滴問河流：「這是我出生的地方嗎？」

河流說：「不是！」

小雨滴隨著河流到了大海變成藍色的，以為自己是藍色。

小雨滴問大海：「這是我出生的地方嗎？」

大海說：「不是！我只是你的中途站。」

太陽出來照耀海面，小雨滴變成水蒸氣昇華到天空，
小雨滴對天空說：「這是我出生的地方嗎？」

天空說：「不是！我只是你的旅程而已。」

當小雨滴上升變成雲朵，小雨滴問雲朵：「這我出生
的地方嗎？」

雲朵說：「別開玩笑了，我只是你的前生喔！」

一陣寒氣吹來，小雨滴變成雪花飄落到地上成了冰，以為自己是冰，小雨滴對冰說：「我終於找到我的家。」

一會兒，太陽出來，小雨滴又變成水。

遠方傳來一個聲音：「小雨滴，不要找了，你是千變萬化的！」

生命探索

人生須時時反觀自照，觀念通了，煩惱也就少了。

觀察反思

慈悲　智慧　惜福
向前　環保　共生

69 美金和台幣

一家國際知名銀行的保險箱裡，美金和台幣悶得發慌，
彼此聊了起來。

美金對台幣說：「老弟！我比你有價值，全世界人類都
搶著要我，甚至因我而爭執，到了六親不認的地步，你
看我夠厲害的吧！」

台幣聽了搖搖頭說：「老兄！我和你沒什麼差別啦！我
們都是錢，主人一口氣在，我們是財產，倘若主人一口
氣不在，我們就是遺產，你明白嗎？」

美金問台幣：「老弟，財產和遺產都是錢，有什麼差
別？」

台幣說：「簡單啦！財產是自己能用的，遺產是留給別
人用。」

美金點點頭說：「老弟，無論財產和遺產，我們都被關
在保險箱裡，就像是廢紙。」

台幣說：「老兄啊！你智慧開了，錢用對了才是
主人的，否則你我都是只一張紙罷了！」

生命探索

智慧者善用金錢，愚
笨者被錢所利用。

觀察反思

慈悲　智慧　惜福
向前　環保　共生

70 撿垃圾

大學開學了,各社團都忙著籌辦活動,吸引新生加入。

某社團的幹部邀約老師到籃球場場勘,老師來到籃球場,看到丟棄在球場角落的紙巾和空飲料瓶,問同學:「那是誰丟的垃圾?麻煩你們去撿起來丟到垃圾桶。」

「又不是我們丟的垃圾,為什麼要我們撿?」

老師皺了皺眉頭說:「雖然不是你們丟的也可以幫忙撿啊!公用場地的清潔是靠每個人一起來維護。」

「老師,我們很忙,時間不夠用,這種小事就讓負責清掃的阿姨做,不用我們管啦!現在大家趕快來討論這次活動如何吸引學弟妹加入。老師您看這節目,我們怎麼安排……」

生命探索

將做好事、存好心內化成自己的素養。

觀察反思

慈悲　智慧　惜福
向前　環保　共生

71 3C 代溝

農曆大年初二，年輕貌美的辣媽帶著一雙優秀的兒女回到娘家。

親友們見到這對俊美的兄妹非常歡喜，熱絡的關心他們的近況：「你們幾歲了？讀哪間學校？」

酷酷的兄妹坐在沙發滑著手機，如入無人之境，不回應親友，親友們覺得無趣紛紛走開。

「真是奇怪！你的孩子都不會和人打招呼，你沒教他們嗎？」

辣媽說：「媽，您落伍了啦！現在的孩子都用手機來打招呼的……」

兄妹倆頭也不抬的回答：「我們學校老師還說不能隨便和陌生人打招呼以免被騙，這也是保護我們的方式！」

外婆說：「可是……這些都是你們的親友啊！」

「**可是他們也是親人中的陌生人啊！**」兄妹倆抬起頭看了外婆一眼。

外婆搖搖頭嘆息：「唉——現在的孩子怎麼了？」

辣媽說：「媽，我來教您使用 3C 產品，您才跟得上時代！」

生命探索

善用 3C 科技，不被科技產品綁架。

觀察反思

慈悲　智慧　惜福
向前　環保　共生

72 成仙的願望

有一位年輕人從聖典中得知天帝的偉大和超能的神力，他向天帝祈求：「偉大萬能的天帝呀！祈求您賜給我神力，我希望有一天能和您一樣。」

天帝說：「年輕人，我不可能賜給你和我一樣的神力，你來到這裡只能當我牧的羊！」

年輕人說：「偉大的天帝，我該怎麼做才能達到目標？」

天帝說：「孩子，你去求神仙吧！祂說人人都可成神仙，你去請祂幫忙吧！」

年輕人依照天帝的指示來找神仙。神仙傾聽年輕人的願望之後說：「成仙不是問題，祕訣就在於你自己的學習和修行，因為生命的路全靠自己走出來！」

生命探索

自助而後天助，世上沒有不勞而獲的成就。

觀察反思

慈悲　智慧　惜福
向前　環保　共生

73 畢業典禮

爺爺和奶奶準備組親友團,去歐洲參加孫女的畢業典禮,孫女很開心,終於能夠在親人面前展現他的學習成果,他非常期盼那天的到來。

就在畢業典禮到來的前幾天,他接到爺爺的來電,爺爺心急如焚的說:「乖孫啊!你的畢業典禮,我們去不成了……」

「為什麼?發生什麼事?說好要來的……」孫女急切的問。

爺爺說:「別急!別急!家裡沒事!只是最近奶奶身體老是不舒服,於是找人問卜,說奶奶今年不能出遠門;如果到歐洲的方向,可能發生大劫數。唉!真是人算不如天算,我訂好的機票也只好退掉。」

孫女聽了好失望,請求爺爺說:「爺爺,不要退啦!您們在南半球,我這裡是北半球,是用哪個時間來問卜呢?而且地球在宇宙中是顆轉動的星球,到底是以哪個方位當成東南西北,正確的比率有多少?那麼,能正確算出每期大樂透的數字嗎?爺爺,奶奶生病要趕快去看醫生,命運掌握在自己的手裡啊!」

爺爺說:「我會帶奶奶去看醫生,但是大家已經決定,為了奶奶身體著想就不去參加畢業典禮了……」

「爺爺──」

生命探索

人的恐懼來自無知,不願面對事實和承擔責任。

觀察反思

慈悲　智慧　惜福
向前　環保　共生

74 防蚊

住在歐洲的丁丁準備到亞洲幾個國家參加遊學，媽媽特地為丁丁準備好多瓶防蚊液。

丁丁問媽咪：「為什麼要帶這麼多瓶防蚊液？」

媽媽說：「寶貝，熱帶國家的蚊子又多又毒，最可怕的是登革熱，到戶外一定要多噴幾次保護自己，知道嗎？」

丁丁說：「知道啦！」

丁丁的遊學最後一站來到台灣，將到山中一座佛寺參加生命探索課程。營隊報到時，護理師看到丁丁的雙腳和雙臂都抓得紅腫發炎，有的已經化膿。

護理師問丁丁：「你怎麼被叮成這樣？沒有做防蚊措施嗎？」

丁丁說：「有啊！媽媽幫我準備了很多瓶防蚊液，我噴了好多次，可是蚊子還是照樣叮我，叮得我好癢好癢，就抓到破皮了。」

蚊子哈哈大笑：「『道高一尺魔高一丈』，我為了活下去，奮力蛻變進化，看到露出嫩白雙腿和手臂的人，更吸引我叮咬。」

生命探索

計畫趕不上變化，適時的應變是必要的。

觀察反思

慈悲　智慧　惜福
向前　環保　共生

75 生日快樂

一位老奶奶育有五位兒女，如今已兒孫滿堂。老奶奶八十歲大壽快到了，孝順的孫子準備為老奶奶慶生，經過討論，大家決定請奶奶吃一頓美味的健康大餐。

老奶奶生日當天，孫子們簇擁著老奶奶到高檔餐廳，對奶奶說：「今天我們給您一個特別的驚喜喔！」聽到孫子這麼說，奶奶也非常的開心。

孫子們齊聲喊：「奶奶，上菜囉！」餐桌上擺滿各種佳餚，服務生端了一個特別精緻的盤子，笑眯眯的來到老奶奶面前恭敬的說：「恭祝老奶奶生日快樂！這是您的孫子們特別為您準備的……」

老奶奶一看盤子上滿滿的地瓜葉，驚訝的說：「地瓜葉？這不是豬菜嗎？」

「是啊！這是我們特別為您準備的健康珍品，聽說以前乾隆皇帝在晚年時都吃地瓜葉養生，奶奶您要多吃一些……**生日快樂！**」

生命探索

生命中每一件事，在不同時空有不同意義和價值。

觀察反思

慈悲　智慧　惜福
向前　環保　共生

76 番茄和番薯藤

菜園裡，番茄看番薯藤不順眼，番茄不屑的對番薯藤說：「真是三生不幸！倒楣和你同姓，我是大眾喜愛的高級食材，而你是豬隻吃的食物。」

番薯藤冷冷的回說：「番茄兄，你的資訊落伍了，自從人們發現了我的營養價值，現在的我可是人人珍惜的養生食材，我們的地位差不多差不多了啦，不要再嫌棄我了！」

生命探索

價值是來自不同時代的不同需求。

觀察反思

慈悲　智慧　惜福
向前　環保　共生

77 麵條的對話

大超市內的食品區架上，擺滿各種類的麵條，五花八門、琳瑯滿目。

義大利麵説：「我是麵中王牌！」

韓國泡麵不平的説：「你算什麼？我才是麵中的紅牌！」

「你們倆算什麼，我才是麵中的極品！」日本拉麵大聲抗議。

「亂説，我比你們有營養，我才是珍品！」蔬菜麵不服氣。

其他的麵條也跟著起鬨，為自己爭取地位而吵個不停。

麵線突然大喊一聲：「大家的本質都是麵粉，選擇權在人類的喜好，你們有什麼好吵的？」

生命探索

爭取自由是生命重要課題，但不是「本是同根生，相煎何太急」的鬧劇。

觀察反思

慈悲　智慧　惜福
向前　環保　共生

78 大樹和小和尚

山中古剎，寺外有棵大樹，樹葉長得非常茂盛，小和尚每天花很多的時間清掃落葉。

小和尚掃著掃著，掃累了就望著高大的大樹發呆。他自言自語的對大樹說：「大樹爺爺！拜託您，能不能一次就把葉子掉光，不要每天掉葉子，我真的忙不過來，拜託拜託！幫幫我！」

隔天一早，大樹的落葉掉滿地。

小和尚很高興，開心的對著大樹說：「大樹爺爺，真是謝謝您！」

接下來好幾天，樹葉愈掉愈多，不久，整棵樹變成光禿禿的，小和尚心想：「真好！等新葉長出來，會更美喔！」

春去秋來，日子一天一天的過去，小和尚等著等著，盼望大樹長出新葉，可是大樹還是光禿禿的，原來它已經枯死了！

小和尚難過又懊悔：「大樹爺爺，我希望您一次掉光葉子，並不希望您枯死啊！」

大樹爺爺說：「唉！小和尚，您希望樹葉一次掉光，沒有葉子我怎麼活下來呢？」

小和尚點點頭，他終於明白了——對樹木都不能隨意起心動念，何況是人呢？

生命探索

心隨境轉，正確的觀念會感召正能量。

觀察反思

慈悲　智慧　惜福
向前　環保　共生

79 裂縫裡的小蟒蛇

山中古寺的老舊階梯上，有個小裂縫，一條小蟒蛇就住在小裂縫裡，經常出來遊玩和找食物，既安分又快樂；偶然間，小蟒蛇被來到古寺的遊客看見，驚嚇到遊客。

小師父擔心遊客再受到驚嚇，他對小蟒蛇說：「你住在這裡，要學習不生氣、不嚇人，如果看到人就趕緊躲起來喔！」

小蟒蛇似乎聽懂了，從此白天就出洞，很晚才回來。一日復一日，小蟒蛇逐漸長大，躲不進小裂縫。

一天夜裡，小蟒蛇現出五尺身長，於是小師父對他說：「世界那麼大，你來到佛寺，表示與我有緣，傳說蛇就是龍的化身，飛龍在天，潛龍在海，地龍在洞，你要立志修成飛龍。我幫你的忙，你也要配合我，現在你趕快走吧！看到人得趕緊躲藏起來，否則被抓起來，那可真是壯志未酬身先死！」

從此，蟒蛇就不見了。

生命探索

生命的覺光沒有貧富貴賤、物種高低之分，只要立志向善，生命即可昇華。

觀察反思

慈悲　智慧　惜福
向前　環保　共生

80 山珍海味

學校社團的一群大學生，帶著學弟妹到山中露營。到了目的地，大家分工合作，有的搭帳篷、有的找柴火及備餐，各忙各的，天就快黑了。

「大家快來吃麵囉！」負責煮晚餐的呼叫著。

大夥各自用碗盛麵，準備享受熱呼呼的麵條……

「麵怎麼這麼淡，沒有味道？」

「啊！我們只帶薑忘了帶鹽，怎麼辦？」

生薑在一旁嗤嗤的笑：「年輕人，不起眼的鹽，看似不值錢，但它是海味啊！人類沒有了海，萬萬不行，不但人生淡然無味，生命也活不下去；而我生薑雖不是高價值，但人類少了我，生命將有無法補償的缺憾。是否曾聽說，我是山珍，因為人們無論在煮菜煎藥上都需要我；而鹽是海味，我們合在一起就是『山珍海味』，少了我們，味覺上就少了一些滋味！」

大夥不約而同說：「對，鹽很重要，否則活不了！」

「明早，誰願意下山去買？」

「我去！」

「還是我去吧！」

聲音迴盪在山谷間。

生命探索

平凡中的不平凡往往最珍貴。

觀察反思

慈悲　智慧　惜福
向前　環保　共生

81 愛地球

天地變異，發生大海嘯，多人死亡，震驚全球，世界各國的救難隊都投入救援，人道救援更紛紛投入物資募集。

電視台現場轉播「天地無情，人間有愛」……

守護地球的天神和土地神看了忿忿不平：「天地生養萬物，地球是提供人類一生資源的母親。人類，吃喝玩樂，奢侈過生活，貪心的在地球母親身上抽石油、挖金礦、伐木燒林、製造垃圾，天地為承載人類早已千瘡百孔，地球母親只是翻個身引起海嘯，立刻被人類形容成『天地無情』，真是對天地的不公平啊！」

生命探索

別忘記感恩地球提供資源，珍惜身邊的人事物。

觀察反思

慈悲　智慧　惜福
向前　環保　共生

82 高速和龜速

農曆春節，爸爸帶全家回媽媽的娘家。準備收假要上班了，爸爸最怕塞車，提早一天回程。

上了高速公路，剛走不遠就遇到大塞車，爸爸無奈又生氣：「這是什麼『高速』公路？簡直是龜速，哪裡像公路，倒像一座停車場！怎麼搞的？提前一天回程還是如此，這是什麼政府⋯⋯」爸爸念念有詞，車上氣氛變得超凝重。

「爸比！高速快快的車子很容易發生車禍，龜兔賽跑，烏龜會安全回到家喔！爸比，不要急！我們提早，別人也想得到，因為大家都怕塞車。不然以後我們的車子裝翅膀飛起來不就好了⋯⋯」

聽到五歲小孩的童言童語，車上的人全都笑了，拍手叫好。

生命探索

翻轉思考，人生能多一點快樂。

觀察反思

慈悲　智慧　惜福
向前　環保　共生

83 古鏡心魂

好朋友送給美女倩心一面古鏡,當作生日禮物。

古鏡外型典雅又精緻,倩心非常喜歡它,對鏡中的自己非常滿意,也愛古鏡中的自己!

一個夜晚,倩心對著鏡子發呆出神,喃喃自語:「我好美,真的好美……」沉醉在欣賞自己的美。

突然,鏡面一片黑暗,倩心大驚:「哇──發生什麼事了?怎麼看不到我自己了呢?」

古鏡無奈的說:「唉!我只能反射你表相的臉孔和動作,沒辦法照到你的內心。我不知道真實的你是否如此的美,你自己也不知道真實的你是誰?」

生命探索

有多少人可以了解自己真實的內心?

觀察反思

慈悲　智慧　惜福
向前　環保　共生

84 夏天的棉被

夏天的夜晚，老奶奶哄小孫子睡覺。

老奶奶説：「乖！快把被子蓋好，否則會著涼……感冒了，還得看醫生吃藥喔！」

小孫子説：「奶奶！我今天聽爸比和叔叔説：『夏天的棉被不是用來蓋的』，我不想要蓋被子啦！」

老奶奶説：「要乖乖聽話，趕快蓋好被子。爸比和叔叔只是説説而己！」

「原來大人的話只是説説而已？」小孫子自言自語。

生命探索

親子教育身教重於言教，長輩的話彼此不同調，孩子容易產生價值觀矛盾，導致行為偏差。

觀察反思

慈悲　智慧　惜福
向前　環保　共生

85 背影難分

鳳凰花開的季節，媽媽帶著爺爺和奶奶參加兒子的畢業典禮，校園裡人來人往，好多是畢業生。

老奶奶苦惱的說：「畢業生都穿著一樣，我的乖孫在哪裡？」

老爺爺說：「你看！在那邊，我們快過去吧！」手指著右邊一個男孩的背影。

「乖孫，恭喜喔！」奶奶開心的上前，張開雙臂想要擁抱男孩。

「老奶奶，您認錯人了？」男孩回過頭。

「不好意思！我認錯人了，從背後看都差不多，背影真難辨認！」

背影嘆氣說：「認錯人是正常的，**捕風捉影是名言也！**」

生命探索

世上能看到因緣實相的人並不多。

觀察反思

慈悲　智慧　惜福
向前　環保　共生

86 美的魔咒

在科技公司上班,年輕的真珍擁有圓圓的臉蛋、大大的眼睛、白皙的皮膚、烏黑的秀髮,是身材高挑的時代女性。美中不足是臉太圓和鼻子太扁了,讓他感到自卑!

他非常羨慕像韓星的臉蛋,有高高的鼻子和瓜子臉,夢想有天能像他們一樣。

他努力蒐集資訊和為了能到韓國整形,拚命存錢。

一日復一日、一年復一年,實現自己夢想的日子終於到了,他飛往韓國整形。

收假開工,他笑瞇瞇和同事打招呼:

「你是誰?」

「我是真珍啊!」

「哇!你怎麼變得這麼美!」

夏天到了,他的鼻子又腫又癢,他的皮膚原本就會過敏,手術傷害到真皮,產生嚴重的細胞病變,臉變得更容易過敏,他只能一輩子帶著這個美的魔咒。

生命探索

內在的真善美才是永恆的。

觀察反思

慈悲　智慧　惜福
向前　環保　共生

87 大人的期望

白手起家的院長，擁有一所專科醫院，他將畢生的精力資源都投入在醫院裡經營，希望唯一的兒子能接棒，承擔家業。

兒子將考大學了，院長對兒子說：「你一定要考醫學院！」

兒子說：「爸，我對從醫沒興趣，我想去考藝術相關科系！」

爸爸說：「你只有一條路，就是考醫學院，其他免談！」

兒子說：「我不想當醫師，也不想那麼累……」

爸爸很生氣的說：「當醫師是有社會地位的上等行業，有什麼不好？你聽著……除了醫學院，我不會給你半毛錢！」

兒子正要爭辯，媽媽拉住他說：「好了好了！少說兩句，你爸爸也是為你好！」

考試放榜日，爸爸忙著尋找醫學院錄取名單，看到兒子的名字時，差點沒暈倒，他很生氣對兒子說：「怎麼是獸醫！你想造反啊！氣死我了！」

兒子：「爸爸，獸醫也是醫啊！您不知道以後動物市場有多大？將來我賺的錢一定比您多，也一定過得比您輕鬆，更不會有太多的醫療糾紛和醫療暴力……」

生命探索

多一些思考和應變，因應時代的迅速變遷和改變，活得更自在。

觀察反思

慈悲　智慧　惜福
向前　環保　共生

88 回不去了

身懷六甲的媽媽，帶著三歲的女兒寶妹去公園玩。

寶妹走累了吵著說：「媽咪！我要抱抱！」

媽媽說：「媽咪抱不動，你自己走好不好，你最乖了！」

寶妹問：「為什麼？為什麼？」

媽媽說：「媽咪肚子裡有你的弟弟啊！」

寶妹問：「為什麼弟弟可以在媽咪的肚子裡？」

媽媽說：「弟弟還沒出生呀！你還沒出生前也是在媽咪的肚子裡。」

「媽咪！那我想再回到你的肚子裡……」

「寶妹啊！你已經回不去了，**世上有些事是無法重來的！**」

生命探索

生命旅途中的遺憾和懊惱是沒用的，學習承擔，勇敢向前走。

觀察反思

慈悲　智慧　惜福
向前　環保　共生

89 年輕世代

繁華的都市，在寒冬歲末舉辦國際電玩展。廠商請來了辣妹們打扮成各種電玩女神助興，炒熱氣氛，希望能吸引更多的玩家。

女神們身穿比基尼，披上透明薄紗展現曼妙的身材，勁歌熱舞，熱鬧非凡。

活動進行中場休息，辣妹到後台補妝，披著外套，在寒冷中顫抖縮成一團，直呼：「好冷！好冷！真是怪天氣，快冷死人了。」

掛在衣架的衣服看見了覺得心疼：「唉！我們衣服是用來保暖和遮羞，也是人類從原始不斷演化成文明的禮儀表徵！為何到了現在科技時代，衣服就要一件件脫下來，真想不透人類對於美的定義？」

生命探索

人性的愛惡趨向，
經常本末倒置。

觀察反思

慈悲　智慧　惜福
向前　環保　共生

90 長大後

華燈初上，一個溫馨的家庭，爸爸、媽媽和三個孩子
一起用晚餐。電視正在播新聞，因非洲豬瘟事件，螢
幕出現餵食小豬的畫面，三歲的老三看到豬吃東西的
樣子，他問：「媽咪，小豬在做什麼？」

「小豬在吃飯。」

「為什麼要吃飯？」

「因為吃飯才會長大，小豬和我們一樣都是要吃飯
的。」老大搶先回答。

媽媽說：「是啊！吃飯才會長大，你快來乖乖吃飯。」

老二問：「小豬長大做什麼？我們長大後要做什麼呢？」

爸爸說：「小豬長大被賣掉宰殺，然後……，而你們長大可以做許多你們想做的事……」

「為什麼小豬長大要被宰殺，而我們長大卻可以做自己想做的事？」老大覺得困惑。

媽媽說：「人和小豬的命運不同的喔！」

「原來小豬的命運掌控在人的手裡，而人的命運在自己手裡！」老大自言自語。

爸爸說：「賓果！答對了！你真聰明！」

「哇！……」老三突然大聲的哭了。

「怎麼了？怎麼了？」

「我不要小豬長大，他們那麼可愛，我不要他們被人吃了，他們會痛痛，我不要……不要……」

生命探索

生命的同理心，
無分老幼。

觀察反思

慈悲　智慧　惜福
向前　環保　共生

91 運動會

經營馬場的老板忙完一天工作,躺臥在沙發上,打開電視,正在播放世運的田徑賽和跳水,比賽非常激烈,老板的心情隨著比賽七上八下。

突然,馬棚傳來白馬的聲音:「哼!跑這麼慢,還可得第一,真的要比,就來和我比比看,贏了我才算第一嘛!」

魚缸裡的小丑魚說:「對啦!游泳要找我鯊魚老大來比才算啦!」

茶几上的小金錢龜說:「就是說嘛!要跳水就找我們的海豚哥來比比。」

桌子底下的臘腸狗毛毛說:「唉!我想人類運動原本是為了身體健康和社交聯誼,怎麼現在變成如此商業化,還製造一堆運動傷害,真是自討苦吃!」

生命探索

為了利益忘了初心,權力欲望扭曲生命本質,結局如飛蛾撲火。

觀察反思

慈悲 智慧 惜福
向前 環保 共生

92 世代鴻溝

教室課堂正在上護理課，老師問：「同學們！現在讓大家了解身體的構造，我們來玩一個默契遊戲，遊戲規則大家不能講話，當老師說你認為身體上的器官哪一個是最重要的？就用手指，指著那個器官，了解嗎？」

同學們回答：「了解！」

老師問：「你認為身體上哪個器官最重要？預備——開始——」

全班同學雙手舉高，一起伸出食指！

老師問：「這是什麼意思？是食指最重要嗎？」

同學們回答：「老師您落伍了，這是一指神功，只要在手機上一滑，生活一切事都能搞定，所以手指頭最重要！」

老師不禁搖搖頭說：**世代鴻溝太可怕了！**

生命探索

網路時代，不同世代的溝通與思考，應站在同一平台。

觀察反思

慈悲　智慧　惜福
向前　環保　共生

93 無形的刀

夏日的午後，奶奶和孫女在廚房裡準備飯菜。奶奶教孫女切洋蔥，孫女一不小心切到手指頭流血。

「唉呀！奶奶不是提醒你要小心嗎？這菜刀很鋒利，你怎麼還是切到手了……」

爺爺聞聲匆忙進來，嘴巴嘀咕：「奶奶你也真是的，這麼利的刀還拿出來，你快來，爺爺幫你抹藥。」

電視正播放著電視劇《倚天屠龍記》，爺爺心疼的說：「唉！你奶奶的菜刀比屠龍刀還鋒利，真是的。」

孫女問：「爺爺，什麼叫屠龍刀？很厲害嗎？」

爺爺說：「這是武林中最厲害的兩把刀之一，很厲害的喔！」

奶奶說：「我的菜刀有什麼可怕，我認為最可怕的是醫生的手術刀，若使用不當會要人命的！」

「您們落伍了，現在醫生用的是雷射刀，不是傳統的手術刀。」剛進門的爸爸說道。

爺爺說：「無論什麼刀，會傷人都是可怕的刀，千萬要小心！」

「哼！人類只看到有形的刀，卻不知有一種無形的刀更鋒利，殺人不見血，才更可怕呢！」

「你看那媒體名嘴尖酸刻薄，說話不用負責，加上現代盛行的網路霸凌，媒體語言暴力等，還有官商勾結、貪官汙吏、黑心食品等太多太多危害人心和人命的事件，人的心刀、口刀、筆刀效應無遠弗屆，導致天災人禍，這些都比我可怕多了……」

菜刀愈說愈激動。

生命探索

有形的刀可以防範，無形的心刀才是最可怕的。

觀察反思

慈悲 智慧 惜福
向前 環保 共生

94 誰在呼喚

俊秀的帥哥與兩位同學,到國外留學。

假日約好一起去當地海邊遊玩,看到碧藍的海水,海天一色,三人開心的奔向大海游泳。

大夥正玩得忘我時,一個海浪將他們捲起,三人在海中載浮載沉,最後只有二人被海浪推上岸,而帥哥卻不見蹤影……

帥哥的父母趕到海邊,心急如焚,媽媽對大海呼喊:「怎麼會這樣?早上不是好好的,還和我視訊,我叮嚀你千萬不要去玩水,你口口聲聲說好,要媽媽放心,你怎麼可以這樣不聽話?……」

悲痛欲絕的媽媽,請求大海,對著大海聲聲呼喚:「大海啊!大海!請把我的寶貝還給我,不要搶走我的心肝寶貝。我的寶貝,你快回來啊……」

浪潮一波接一波,彷彿是帥哥對媽媽低聲的懺悔:「親愛的媽媽,真對不起!一失足成千古恨,我已無法回頭了。媽媽對不起……對不起……」

「慈愛的母親啊!不是我要搶走你心愛的寶貝,是你的孩子對我不了解,就跑進來了,我也無可奈何……」大海說道。

生命探索

無預警的危機處處在,
千金難買後悔藥。

觀察反思

慈悲　智慧　惜福
向前　環保　共生

95 姐妹花

餐桌上，主人插了一盆美麗的鮮花。鮮花看到客廳茶几上的塑膠花，很不屑的說：「哼！你這冒牌貨，只是朵人工製品，怎好意思也稱做花？」

塑膠花也不甘示弱的說：「什麼冒牌貨？我的美麗可以維持得久，而你只不過短短的如曇花一現，倒楣的我與你同名。」

鮮花聽了很生氣：「我有香味、有花粉花蜜……我身上有的你都沒有，怎能和我比呢？」

塑膠花回擊：「我是不謝的花，哪像你凋謝後腐爛發臭！」

鮮花和塑膠花爭執不休……誰也不讓誰。牆上的乾燥花受不了：「你們不要吵！不管是什麼花，我們都是美麗的花，看起來都賞心悅目呀！」

生命探索

多看他人的亮點，帶來生命的正能量。

觀察反思

慈悲　智慧　惜福
向前　環保　共生

96 夢想成真

夢成趕到辦公室，桌上有一堆公文，他開始埋頭苦幹，忙得頭昏腦脹。鄰居的孩子昨晚哭鬧了一整晚，使他無法入睡，現在他的心快爆炸……

古經理走過來催促夢成說：「你怎麼搞的？我正在等你的報表，下午趕快給我，別再拖延了！」。

「好的，知道了！」夢成起身恭敬回答。

「就是嘛！每次都這樣，拖拉鬼！」死對頭想真先生喝著咖啡，呼應著……

「你這個阿諛諂媚附和上司的小人，只會欺負我，看！今天我把你給殺了！」夢成簡直氣昏了。

於是，順手拿起桌上的美工刀衝過去，朝想真先生的身上猛刺，想真先生慘叫，「哈──我終於修理你了，看你還敢不敢如此囂張！」

警衛衝過來將夢成制伏，警察來將他銬上手銬帶走……

在法庭上，法官說：「李夢成，故意殺人致死，毫無悔意，宣判刑期為……」

「砰！」

「啊──」的一聲，夢成驚醒神魂未定，冷汗直流！

他摸摸額頭自言自語：「還好是一場夢！」

早晨，夢成踏著輕鬆的步伐，吹著口哨，踏進辦公室，一眼看到想真先生，立刻衝過去握住他的雙手說：「謝謝您謝謝您！有您真好！」

想真呆住了，小聲的回說：「你好……好。」

「發生了什麼事？兩個死對頭，今天怎麼了？真是奇聞！」辦公室的同事都看傻了，但也替一早的和平握手，響起熱烈的掌聲。

夢遊神哈哈大笑：「恭喜您！沒有夢想成真喔！」

生命探索

放下執念，心存善念，勇敢踏出一步，夢想才會成真。

觀察反思

慈悲　智慧　惜福
向前　環保　共生

97 愛心的火焰

山上有位小師父很有愛心,常為來山的信眾排難解紛,能幫的他都盡心盡力幫忙,由於他來者不拒,所以大家稱他「垃圾桶小師父」。

小師父忙得不得了,送走一個又一個,他累得趴在桌上睡著了。半睡半醒間聽到身旁的垃圾桶說:「我真倒楣!每天都要收人類一堆又臭又髒的垃圾,真是快要受不了⋯⋯」

垃圾車來了,垃圾車笑哈哈的說:「別苦惱啦!只要學我就好,垃圾送給我,我轉手送出去,不會停留在身上,就不臭了!」

「你是把不要的東西送給別人,有什麼好學的,我把所有又髒又臭不要的廢棄物處理淨化,成為有用的能源,這才是王道。」焚化爐淡淡的說,爐中升起熊熊烈火。

「我不要當垃圾桶,我要當焚化爐!」小師父又燃起愛心的火焰⋯⋯

生命探索

真正的助人是要創造利他和利己雙贏。

觀察反思

慈悲　智慧　惜福
向前　環保　共生

98 水果對話

路邊的水果攤上陳列著各種水果，街上行人稀稀落落的……

來自歐洲的藍莓說：「我的姐妹在芬蘭的水果攤上，天天都有小蜜蜂來親近他們，好不快樂和熱鬧，而我來到這裡，連隻蒼蠅都沒有，真是好無聊啊！」

愛文芒果聽了說：「你真是孤陋寡聞，你知道嗎？我身上的毒可以毒死所有的昆蟲，因此，沒有任何昆蟲敢靠近我們，我也樂得清靜！」

「你們那麼毒，人類還敢吃你們？他們不怕嗎？」藍莓驚訝不已。

「你說呢？我想他們已經習以為常了。」鮮嫩的紅草莓微微一笑。

生命探索

習以為常，逐漸造成失去分辨善惡、是非及真實價值的能力。

觀察反思

慈悲　智慧　惜福
向前　環保　共生

99 人生急流

大學聯考放榜了，平時很用功的學生，考不上理想的學校，跑到湍急的溪流邊，拿起石頭往水流處用盡力氣丟過去……

「為什麼？為什麼？就只差一分，我的努力全都白費了，老天真是不公平！」

湍急的水流嘩啦嘩啦，溪流裡的石頭說道：「年輕人呀！你看，我必須面對急流的沖刷，所以不長青苔。面對困難要有勇氣，人生大大小小的考試不少，輸一次算什麼？千萬別失意，你的人生路還長得很。」

生命探索

人生的考驗無所不在，
非一次定成敗。

觀察反思

慈悲　智慧　惜福
向前　環保　共生

100 墨與水

年節將近，坐在沙發上滑手機的孫子，看見專注寫春聯的爺爺，起身走近對他説：「爺爺別寫了，什麼時代了，您若要春聯，我可以從電腦列印給您，別寫得那麼辛苦了，電腦字體更精美。」

爺爺説：「乖孫，書法是國粹，是我們的文明啊！」

孫子問：「什麼文明？」

爺爺又説：「文字是生命演化的結晶，也是走向文明的基石，字中有畫、畫中有字，很美的。而書法有幾千年歷史，是一種藝術，習字也是一種生命的修練。」

孫子説：「就是一些墨和紙，有什麼稀奇……爺爺您想太多了！」

「乖孫，你說清水變墨水容易嗎？」

「容易。」

「墨水變回清水呢？」

「那很難。」

「墨水變成字呢？」

「不難呀！」

「那字要變回墨，又如何？」

「那是難上加難，Impossible！」

爺爺說道：「人生有些事也是如此，所謂一失
足成千古恨，再回首已百年身。你看，很簡單
的紙、墨、水的組合，卻蘊含人生的大道理。
處世只要處處用心，都是無限的生命哲學，何
況是已留傳幾千年的文字。」

生命探索

處世用心，處處皆有生
命哲理，平凡中也有不
平凡。

觀察反思

慈悲 智慧 惜福
向前 環保 共生

101 究竟高

夜幕低垂，世界最高峰喜瑪拉雅山，傲立群山，開心的高喊：「這世界上有誰比我更高呢？」。

白雲說：「胡說！有句諺語：『山高豈礙白雲飛』，我當然比你高得多呢！」

夕陽說：「慢著慢著！還有我，你沒聽說過：『一山還有一山高』嗎？白雲怎能與我比高？宇宙中最高者非我莫屬！」

北極星眨眨眼說：「你們真會開玩笑！我們星星是無窮無盡，俗話說：『強中自有強中手』！」

究竟，誰最高？

生命探索

人常被自己所學的專業知識蒙蔽，莫忘謙卑才是生命之道。

觀察反思

慈悲　智慧　惜福
向前　環保　共生

愛‧生命019

半朵花

作　　　者	覺年法師

總　編　輯	賴瀅如
編　　　輯	蔡惠琪
美 術 設 計	蔡佩旻

出版‧發行	香海文化事業有限公司
發　行　人	慈容法師
執　行　長	妙蘊法師

地　　　址	241新北市三重區三和路三段117號6樓
	110台北市信義區松隆路327號9樓
電　　　話	(02)2971-6868
傳　　　真	(02)2971-6577
香海悅讀網	https://gandhabooks.com/
電 子 信 箱	gandha@ecp.fgs.org.tw
劃 撥 帳 號	19110467
戶　　　名	香海文化事業有限公司

總　經　銷	時報文化出版企業股份有限公司
地　　　址	333桃園縣龜山鄉萬壽路二段351號
電　　　話	(02)2306-6842

法 律 顧 問	舒建中、毛英富
登 記 證	局版北市業字第1107號

定　　　價	新台幣330元
出　　　版	2021年9月初版一刷
I S B N	978-986-06831-0-3
建 議 分 類	生命探索｜生命教育

生命探索
故事101

國家圖書館出版品預行編目（CIP）資料

半朵花 ： 生命探索故事101 ／ 覺年法師作. --
初版. -- 新北市 ： 香海文化事業有限公司,
　　2021.09　240面 ； 20×20公分. --
　　生命探索｜生命教育
　　ISBN 978-986-06831-0-3(平裝) --
225.87　　　　　　　　　　　　110011519

香海文化Q　　　香海悅讀網